C'EST MALIN

GÉRALDYNE PRÉVOT-GIGANT

JE DÉVELOPPE MON INTUITION

LEDUC
ÉSO

De la même auteure, aux éditions Leduc
J'apprends à accueillir les synchronicités, 2020.
Écoute les signes que la vie t'envoie, 2019.

Conseil éditorial : Pascale Senk
Édition : Cécile Beaucourt
Correction : Marie-Laure Deveau
Illustrations : Élisabeth Chardin, Shutterstock
Maquette : Laurie Baum
Design de couverture : Antartik

10, place des Cinq-Martyrs-du-Lycée-Buffon
75015 Paris – France
ISBN : 979-10-285-1957-5
ISSN : 2425-4355

SOMMAIRE

INTRODUCTION

Nous avons tous vécu des synchronicités sans le savoir : une musique entendue à la radio le matin, diffusée de nouveau « par hasard » dans un supermarché, dans un taxi, chez des amis. Elle revient encore et encore au point que notre intuition nous pousse à nous interroger : « Que veut-elle me dire ? »

Ou bien les images d'un pays que nous n'avons jamais visité : on tombe dessus, encore « par hasard », à la télévision, puis notre regard s'attarde sur une affiche dans la rue, des gens assis à la table d'à côté, au restaurant, parlent aussi de cette destination lointaine.

Nous avons tous vécu ce type de phénomène au moins une fois dans notre vie. Certains d'entre nous y accordent de l'importance, d'autres oublient.

Le phénomène des synchronicités n'est pas destiné uniquement à quelques initiés. Les synchronicités se manifestent à tout moment, mais nous ne les voyons pas toujours. Nous sommes bombardés chaque jour de milliers d'informations et nous n'en percevons qu'une infime partie. Notre cerveau filtre et trie les données en fonction de notre disponibilité mentale, de nos croyances, de notre ouverture d'esprit, de nos interrogations du moment.

Il est possible de devenir davantage réceptif aux synchronicités en développant notre intuition. Le décryptage de ce langage secret de la vie nous permet d'aller plus vite dans la compréhension de qui nous sommes et du chemin à prendre.

Les sages, les chamans savent lire les signes que la vie et la nature leur envoient. Loin d'une simple superstition, l'art de lire les signes est comme une clé qui ouvre les portes de notre conscience.

1

INTUITION ET SYNCHRONICITÉS

Chapitre 1

Du mot à l'idée qui...

« Synchronicité » est un mot issu des racines grecques *syn* (« avec », « qui rassemble ») et *chronos* (« le temps »), et signifie donc « le temps qui va ensemble, le temps qui coïncide avec lui-même ». Ce mot désigne au moins deux événements qui arrivent de façon synchrone. Il a été inventé par le psychiatre suisse Carl Gustav Jung, qui a longuement étudié ce phénomène : « C'est l'occurrence simultanée de deux événement liés par le sens et non par la cause. »

TENTATIVE DE DÉFINITION

La synchronicité est l'expression de coïncidences qui n'ont aucune causalité, mais qui sont porteuses de sens pour celui qui en fait l'expérience. Elle se manifeste en général sous la forme d'une série d'événements gravitant autour d'un même thème, cher à l'observateur, et pouvant apporter une réponse ou un enseignement. La synchronicité est la manifestation d'un rapport direct entre l'esprit (une pensée, une idée, un rêve) et la matière (signes, coïncidences).

Il existe plusieurs types de synchronicités : rencontres synchronistiques, synchronicités de début de relation, de maintien et de fin de relation, synchronicités transgénérationnelles, synchronicités par séries de nombres, de signes ou de symboles...

La synchronicité est une information reliant l'inconscient collectif et l'inconscient individuel. Selon Jung, cet inconscient collectif se situe hors du temps et de l'espace. Il s'agit de la mémoire de l'humanité, aussi appelée « annales akashiques » ou « âme » de l'univers, à laquelle nous sommes reliés par notre inconscient individuel.

Pour faire simple : chaque individu possède un inconscient dans lequel se trouve une somme d'informations passées, présentes et futures. Imaginez la même chose, mais pour le collectif : il existe un inconscient collectif pour les communautés, les pays, etc.

HASARD, COÏNCIDENCE, PROJECTION DES CONFLITS, DES DÉSIRS... OU SYNCHRONICITÉ ?

Vous pensez à une amie de longue date et vous la croisez dans la rue le lendemain. Vous envoyez un message à un ami en lui racontant que vous avez rêvé de lui, et il vous répond que justement il pensait à vous. Vous avez envie d'assister à un concert d'un de vos chanteurs préférés, et une collègue vous dit qu'elle ne peut aller à ce concert et qu'elle cherche justement quelqu'un qui pourrait reprendre son billet.

Une coïncidence est la survenue simultanée d'au moins deux événements n'ayant pas de sens précis pour celui qui en fait l'expérience. Comme il s'agit d'une simple synchronisation entre deux informations, on parle de coïncidence et non de synchronicité. Il peut arriver qu'une coïncidence nous interpelle sans que cela soit pour autant un événement qui s'aligne sur notre destinée ou notre inconscient.

Les coïncidences et les synchronicités sont-elles dues au hasard ? Si nous considérons le hasard comme un alignement d'informations arrivant au bon moment pour nous interpeller, alors en effet il s'agit bien de hasard. En revanche, si nous considérons le hasard comme l'émergence d'informations sans ordre défini, sans raisons et sans destinataires précis, dans ce cas le hasard n'existe pas.

Mais le hasard, c'est quoi ? C'est un élément aléatoire, inattendu et incontrôlable qui nous surprend et parfois nous déstabilise. Il est le compagnon de la coïncidence. Le hasard est le mot utilisé par les cartésiens pour définir les coïncidences ou synchronicités. Mais il semblerait que le hasard soit davantage l'univers qui joue à nous interpeller afin que nous collaborions dans le déroulement de notre destinée. Il est temps de lui rendre ses lettres de noblesse, car il est porteur de grâce et survient hors de notre contrôle. Le hasard existe, mais dans une dimension magique. Le hasard est un messager qui, secrètement, fait en sorte que certaines informations nous parviennent, que certaines rencontres se fassent, comme un magicien de l'invisible.

À l'inverse, certains phénomènes sont considérés comme des coïncidences heureuses ou comme des synchronicités alors qu'il n'en est rien. Il s'agit tout simplement d'erreurs d'interprétation : nous voulons absolument voir des signes là où il n'y en a pas, parce que nous sommes toujours en train de chercher des causes à tout. C'est humain. Nous désirons aussi voir se réaliser certains événements, alors nous projetons à l'extérieur nos envies inconscientes. On parlera dans ce cas de projections inconscientes.

Nous projetons à l'extérieur ce qui n'est pas conscient : nos désirs, nos malaises ou nos conflits intérieurs. L'art d'accueillir les synchronicités réside justement dans le fait de réussir à faire preuve de discernement, lequel nous permet de voir ce qui est réellement à voir et non ce que nous voulons.

Grâce aux synchronicités, nous donnons du sens à certains événements et nous pouvons développer notre intuition. Elles nous interpellent par leurs apparitions, et nous obligent à être davantage à l'écoute de notre environnement et de nous-mêmes.

CAROLE
L'AMOUR

Carole a tout pour être heureuse, sauf l'amour. Après quelques semaines à échanger sur des sites de rencontre, elle a finalement rendez-vous avec Fabien, qui semble correspondre à ce qu'elle recherche. Pourtant, le jour du rendez-vous, tout va de travers : le pommeau de douche casse, le café est trop sucré, sa robe est tachée. Bref, Carole attribue tout cela à son stress, jusqu'à ce qu'elle monte dans sa voiture et se rende compte qu'elle ne démarre pas.
À cet instant, la jeune femme se dit que c'est un signe, que Fabien n'est pas pour elle, qu'elle n'est peut-être pas prête. Pour elle, c'est la seule explication possible.
Mais la voiture en panne n'est en rien un signe de l'univers. C'est simplement l'incarnation de la résistance de Carole. Elle n'est en effet pas tout à fait prête : elle va devoir travailler sur son ambivalence, car elle veut l'amour mais en a peur.

SYNCHRONICITÉ OU COÏNCIDENCE ?

OBJECTIF

Je vous propose d'apprendre à distinguer une synchronicité d'une coïncidence, afin de mieux comprendre les messages que la vie vous envoie. Les coïncidences ne sont cependant pas à sous-estimer car, avec le temps, elles peuvent entrer dans la ronde des signes et devenir une série de synchronicités.

PRATIQUE

Pensez aux signes que la vie vous a adressés ces derniers temps et répondez aux questions ci-dessous.

› Le signe que vous avez reçu est-il de type acausal, c'est-à-dire sans lien avec le déroulement des faits, sans logique ?

❒ oui ❒ non

› Provoque-t-il en vous un fort impact émotionnel ?

❒ oui ❒ non

› Êtes-vous particulièrement interpellé par cet événement et faites-vous immédiatement le lien avec d'autres événements ou d'autres signes ?

❒ oui ❒ non

→

› Le signe arrive-t-il à un moment de transition dans votre vie ? Vous interrogez-vous sur d'éventuels changements ? La coïncidence vous invite-t-elle au changement et vous montre-t-elle le chemin ? La coïncidence a-t-elle un pouvoir transformateur (il peut s'agir d'une transformation concrète dans votre vie, mais aussi d'une transformation intérieure profonde) ?

❒ oui ❒ non

Si vous avez répondu OUI aux quatre questions, vous êtes donc en train de vivre une série de synchronicités.

› Notez à quels moments elles sont apparues.

....

....

....

....

› Notez ce que vous avez ressenti.

....

....

....

....

› Notez la transformation proposée par la série de synchronicités.

....

....

....

....

CES SYNCHRONICITÉS QUI N'EN SONT PAS

OBJECTIF

Il est important d'identifier les « fausses » synchronicités, qui ne sont pas des informations extérieures, mais la projection de nos conflits intérieurs non résolus ou bien de forts désirs. Ceci afin que de véritables synchronicités puissent se manifester dans nos vies.

PRATIQUE

Cherchez dans votre mémoire toutes les fois où vous avez souhaité quelque chose, mais avec l'impression que tout concourait à vous empêcher de réussir. Essayez d'identifier le conflit intérieur qui vous a bloqué dans la réalisation de votre souhait.

	Épisode	Conflit intérieur
Exemple : Carole (p. 12)	Le rendez-vous amoureux	Veut vivre l'amour mais en a peur

En prenant conscience de vos conflits intérieurs, vous permettez à l'énergie psychique de se mettre en mouvement et de vous amener vers plus de cohérence. Ainsi, vous aurez de moins en moins de blocages dans votre vie de tous les jours. Le quotidien sera plus fluide.

Chapitre 2

Comment la notion de synchronicité est-elle née ?

Depuis l'aube des temps, l'homme est attentif aux signes. À une époque où il est nécessaire de ne faire qu'un avec la nature, l'homme des cavernes est attentif aux informations de son environnement et commence à leur donner du sens.

La civilisation grecque, avec Platon et son « monde des idées », Pythagore avec son « harmonie de toutes choses » ou Plotin et Héraclite avec leur « vision unitaire », perçoit une connexion directe de l'homme avec le monde de la matière, mais aussi avec celui de la conscience. Puis Hippocrate est convaincu que l'univers est lié à tout ce qui nous entoure ; il appelle les synchronicités « les affinités cachées. » Quant à Leibniz, il met en forme son concept avec la théorie des monades. Schopenhauer, lui, est persuadé que le secret du monde et de la vie réside dans un contexte synchrone unissant le psychisme et la matière*.

Quel que soit le nom que nous lui donnons, le concept des synchronicités existe depuis toujours.

L'art d'accueillir les synchronicités se développe avec la capacité à être dans l'instant présent. Une fois cet espace contacté, votre mental ne s'agite plus en oscillant entre le passé et le futur. Il n'est plus en train de ressasser ce qui vient de se dérouler ou ce qui pourrait arriver. Une fois familiarisé avec l'instant présent, vous vous sentez en paix et vous pouvez être davantage disponible aux signes.

QU'EST-CE QUE L'INSTANT PRÉSENT ?

Issue de la philosophie de l'espace et du temps, la notion d'instant présent a été remise au goût du jour par les nouveaux penseurs spirituels comme Eckhart Tolle. Cette philosophie prend également racine dans les enseignements traditionnels de la pensée non duelle, comme la tradition du Cachemire ou l'Advaita Vedanta.

---

* *Synchronicité : le rapport entre physique et psyché de Pauli et Jung à Chopra*, Massimo Teodorani, Macro éditions, collection « Science et connaissance », 2014.

Eckhart Tolle fait la distinction entre le temps horloge et le temps psychologique :

- **Le temps horloge** est lié à la temporalité qui est la nôtre au quotidien. Il nous permet de nous organiser et de structurer notre vie.
- **Le temps psychologique** est ce qui nous relie au passé : les souvenirs négatifs, les traumatismes, les croyances.

Le pouvoir de l'instant présent est la clé pour nous libérer de ce qui nous emprisonne psychologiquement et nous empêche d'être totalement heureux. Mais il est également une porte qui s'ouvre sur nos perceptions. Si nous nous libérons d'un mental agité, nous avons alors accès à des informations plus subtiles, nous voyons le monde sans filtre. Notre regard sur le monde est comme un pare-brise ; lorsque nous nous libérons du mental et des croyances limitantes, c'est comme si nous avions lavé notre pare-brise : nous voyons davantage de détails et de couleurs. Un monde riche en informations nous est alors accessible.

OUVREZ-VOUS À LA MAGIE DE L'INSTANT

OBJECTIF

L'instant présent est une porte donnant accès à des perceptions différentes. Je vous invite à vous installer dans l'ici et le maintenant, pour devenir réceptif à davantage d'informations, et notamment aux synchronicités.

PRATIQUE

Suivez les sept étapes proposées. Si vous le désirez, vous pouvez faire de cet exercice un rituel quotidien du matin, afin de vous rendre disponible aux informations qui vous parviendront tout au long de la journée. En fin de journée, notez les signes et symboles que vous avez reçus.

› Respirez calmement.
› Observez le mouvement naturel de votre respiration.
› Laissez passer vos pensées sans les suivre.
› Laissez s'installer le vide, l'absence de pensées.
› Stabilisez votre esprit dans cet état spacieux.
› Vous êtes à présent disponible pour recevoir les signes que la vie vous envoie.
› En fin de journée, notez les informations que vous avez recueillies. ....

....

....

LAISSEZ LE FUTUR LÀ OÙ IL EST

OBJECTIF

Il n'est pas toujours facile de comprendre à quel point l'instant présent est une ressource, et à quel point nous sommes prisonniers d'automatismes qui ne nous aident pas nécessairement. Vous allez tenter d'appréhender tout cela.

PRATIQUE

Naturellement, avant une échéance redoutée, nous avons tendance à être obsédés par le sujet, à passer notre temps à l'anticiper, à l'imaginer sous toutes ses formes, en privilégiant bien entendu le pire. Cela nous rend nerveux, notre gorge se noue, et nous ne profitons absolument pas du moment présent.

Faites donc l'exercice suivant pour apprendre à sortir de ce cercle infernal.

› Convoquez dans votre esprit un événement à venir que vous appréhendez. Il peut s'agir d'un examen, d'un entretien d'embauche, d'une rencontre, d'un rendez-vous, d'une réunion familiale...

› Prenez deux feuilles de format A4. Écrivez « présent » sur l'une, et « futur » sur l'autre.

› Disposez les deux feuilles sur le sol face à vous, à un mètre environ l'une de l'autre.

› Positionnez-vous exactement entre les deux feuilles. Fermez les yeux et portez votre attention sur vos sensations corporelles. Comment vous sentez-vous ? Quelles émotions vous traversent ?
› Déplacez-vous sur la feuille « futur ». Fermez de nouveau les yeux et imaginez que vous êtes maintenant dans la situation redoutée. Que se passe-t-il ? Quelles sont vos émotions ? Quels signes physiques ressentez-vous ? Ne fuyez pas l'expérience, ne la jugez pas non plus. Observez simplement.
› Déplacez-vous ensuite sur la feuille « présent ». Imaginez que la situation que vous redoutez ne va pas se produire. L'événement redouté n'existe pas… Comment vous sentez-vous dans le présent sans cet événement ? Quelles différences émotionnelles, corporelles éprouvez-vous ? Quelles sont les parties de votre corps qui réagissent ? Que ressentez-vous ? Portez simplement votre attention sur les sensations du soulagement et savourez.

L'APPORT DÉCISIF DE CARL GUSTAV JUNG

Ce médecin psychiatre suisse (1875-1961) est le fondateur de la psychologie analytique, un penseur influent et l'auteur de nombreux ouvrages. Génial et visionnaire, il a notamment compris et mis en lumière les concepts d'inconscient collectif, d'archétype, de synchronicités et de psycho-spiritualité.

L'aventure commence lors de ses échanges passionnés avec Albert Einstein à Zurich entre 1909 et 1913, à la suite desquels naît une stimulation réciproque qui pousse Einstein à finaliser sa théorie de la relativité, et Jung à développer son concept de synchronicité psychique. Bien qu'adhérant difficilement à la notion d'acausalité, Einstein est très intéressé par les découvertes de Jung, car il a déjà reconnu l'existence de la synchronicité dans des recherches quantiques, comme par exemple quand deux particules communiquent entre elles instantanément à grande distance.

Jung fait ensuite une rencontre déterminante avec un élément appartenant au passé de l'humanité. Au Ier millénaire avant l'ère chrétienne, deux sages chinois ont créé un support divinatoire reliant le monde extérieur physique et le monde intérieur psychique (qui prend la forme de soixante-quatre combinaisons oraculaires), connu aujourd'hui nous le nom de Yi Jing ou Livre des changements. C'est en cherchant à comprendre le fonctionnement de celui-ci que Jung fait une avancée considérable dans sa recherche sur les synchronicités. Il comprend que notre inconscient peut dialoguer avec notre conscient à l'aide d'un support fait de signes et de messages.

MONSIEUR DECHAMPS
MONSIEUR FONTGIBU

Monsieur Dechamps fut témoin de coïncidences pour le moins troublantes. Enfant, monsieur Dechamps s'était vu offrir son premier plum-pudding par un certain monsieur Fontgibu. Pendant plus de dix ans il n'eut plus l'occasion de manger ce délicieux désert, jusqu'au jour où il le découvrit à la carte d'un restaurant parisien où il dînait. Mais le serveur lui dit : « Je suis navré. Monsieur Fontgibu vient de commander la dernière part. » Ils se trouvaient tous les deux sans le savoir dans le même restaurant au même moment.

Des années plus tard, monsieur Dechamps fut invité à une soirée où on lui servit du plum-pudding. Tandis qu'il savourait ce mets, on sonna à la porte. Il s'agissait de monsieur Fontgibu qui semblait perdu. Ce dernier expliqua qu'il était invité quelque part mais que l'adresse n'étant pas la bonne, il avait atterri ici. L'endroit n'était pas le bon, mais cette erreur permit à monsieur Dechamps de vivre de nouveau une synchronicité bouleversante.

Anecdote relatée par Carl Gustav Jung dans *Synchronicité, principe de relations acausales* (1960).

RÉACTIONS EN CHAÎNE

Au début du siècle dernier, Paul Kammerer, biologiste autrichien, est l'un des premiers scientifiques à s'intéresser aux coïncidences et surtout à la loi des séries. Pendant vingt-cinq ans, il décide de noter des phénomènes inexpliqués à partir desquels il établit le principe que les choses qui se ressemblent s'attirent et provoquent des enchaînements. Il répertorie dans des carnets tous les événements mystérieux qui lui arrivent. Il les classifie par catégories, types et sous-types : rêves, lettres ou chiffres similaires, noms, etc.

Kammerer relève des séries assez spectaculaires totalisant parfois jusqu'à six points communs. Le biologiste passe des heures sur les bancs des jardins publics à observer et à relever toutes les choses qu'il voit et qui ont un lien entre elles. L'un de ces relevés revêt une importance majeure : un jour, il achète un ticket de tramway et une place de théâtre portant les mêmes chiffres ; le soir même, un ami lui conseille de contacter une connaissance, dont le numéro de téléphone présente exactement la même combinaison. Autre exemple en 1915, deux soldats sont admis séparément à l'hôpital militaire de Katowice, en Bohême (paramètre 1). Tous deux ont 19 ans (2), souffrent de pneumonie (3), sont nés en Silésie (4), sont volontaires dans le train des équipages (5) et s'appellent Franz Richter (6).

Kammerer comprend alors qu'il tient là quelque chose de troublant, qu'il appelle « sérialité ». En 1919, il publie le résultat de sa recherche dans *La Loi des séries*. Cet ouvrage, étayé de ses observations, analyses statistiques et théoriques, affirme qu'il y aurait donc dans l'univers une force qui regrouperait les informations de même tonalité. Il développe des notions comme celles d'« hypothèse d'imitation », d'« hypothèse d'attraction » et de principe de « persistance ». Une grande partie de ce qu'il décrit sous le terme « sérialité » est semblable aux éléments développés plus récemment dans les théories du chaos, de la complexité et des catastrophes, preuve que Kammerer était encore une fois en avance sur son temps.

Mais que prouve-t-il ? Que l'expression « Jamais deux sans trois ! » n'est pas une superstition et qu'il existe bel et bien une loi des séries connue des mathématiciens.

Albert Einstein lui-même qualifie les théories de Kammerer « d'intéressantes et nullement absurdes », et Carl Jung s'est beaucoup inspiré du travail de Kammerer dans son essai *Synchronicity*. Cependant, un aspect, et non des moindres, sépare les deux hommes. Pour Kammerer, le phénomène des séries de coïncidences provient du monde extérieur, alors que pour Jung, il est issu du monde intérieur, de l'inconscient.

LA NOTION D'ARCHÉTYPE

Le terme provient du grec *typos,* qui désigne une marque gravée que l'on retrouve sur des séries d'objets identiques comme les pièces de monnaie ou les blasons, et *d'archê,* qui signifie « commencement » et « commandement ».

Thème essentiel au travail du psychiatre suisse Carl Gustav Jung, l'archétype est un symbole appartenant à l'inconscient collectif. Il s'agit d'une énergie dont la particularité est d'être un agent de transformation.

Les synchronicités aiment se manifester sous la forme d'archétypes, qui sont des images symboliques que nous comprenons inconsciemment. Ils vivent dans notre inconscient et représentent nos potentiels de réalisation. Dans toutes les cultures du monde, nous retrouvons ainsi les figures du père, de la mère, du magicien, du guerrier, du sage, de l'initié...

Les archétypes appartiennent à notre culture mais, en plus de cela, chacun d'entre nous est relié à plusieurs archétypes. Les personnages de Star Wars sont nos archétypes modernes. Rey notamment représente le féminin sacré, la guerrière de lumière, celle qui a alchimisé en elle les forces masculines *(animus)* et féminines intérieures *(anima)*.

Tout être arriverait sur terre avec un certain nombre d'archétypes prêts à être « activés » ou conscientisés. Ils sont une sorte de banque de données existant dans l'inconscient.

Pour Jung, aucun archétype ne peut être totalement défini : nous n'en avons jamais fait le tour, certainement parce que le regard qu'on lui porte vient également lui donner une certaine coloration. L'apparition de l'archétype est toujours accompagnée d'une ambivalence, car nous pouvons le voir tantôt sous son aspect positif, tantôt sous son aspect négatif. Il n'est en soi ni bon ni mauvais : il s'agit là de sa dimension énergétique psychique.

Chapitre 3

Que se passe-t-il dans votre corps ?

À l'heure des neurosciences, nous avons parfois tendance à tout résumer au fonctionnement cérébral. Certes, certaines avancées nous permettent de mieux comprendre son mécanisme, mais il nous reste encore beaucoup à découvrir.

Le processus mental qui participe de la perception des synchronicités est lié à une partie de notre cerveau qui s'appelle le « système d'activation réticulaire » (SAR). Nos yeux captent plusieurs milliards d'informations à la seconde, mais notre cerveau n'en retient que 0,0005 %. Notre SAR agit comme un filtre qui nous permet de garder l'équilibre. Il laisse parvenir à notre conscience, par l'intermédiaire de nos cinq sens, uniquement ce qu'il nous est nécessaire de percevoir : nos réflexions du moment, nos préoccupations actuelles, ce qui fait sens.

Une des dernières hypothèses de perception, critiquée par certains et glorifiée par d'autres, est l'approche de la notion de conscience intuitive extraneuronale. C'est le 15 décembre 2014 que, pour la première fois, l'hypothèse d'une conscience totalement indépendante de la matière, qui agit sur le cerveau comme un nuage électronique sur notre ordinateur organique, est reconnue officiellement. Il s'agit de la thèse de doctorat de François Lallier, soutenue à la faculté de médecine de Reims. L'hypothèse proposée est que notre conscience est indépendante du fonctionnement cérébral. Ce qui veut dire que nous avons accès à des informations du monde extérieur par d'autres canaux que celui du cerveau. En effet, notre conscience serait délocalisable, c'est-à-dire non soumise à l'espace et donc au temps. Cette approche rejoint celle de la tradition hindouiste, qui définit le corps astral, et pourrait expliquer les témoignages de mort imminente.

VOS SENS VOUS RENSEIGNENT SUR LE MONDE

Nous percevons le monde à travers nos cinq (plus un) sens. Mais il ne s'agit pas seulement d'avoir des yeux pour réellement voir, car la notion de perception entre aussi en ligne de compte et peut tout changer. Les informations en provenance du monde extérieur sont décodées et interprétées par notre cerveau, ce qui signifie que nous ne percevons pas la réalité telle qu'elle est.

La psychologie de la perception se décompose en trois étapes :

- **L'étape sensorielle :** il s'agit de la perception de l'information par nos sens.
- **L'étape perspective :** il s'agit de notre capacité à tenir compte du contexte et à mettre en perspective l'information.
- **L'étape cognitive :** elle consiste à donner une interprétation à ce que nous venons d'observer, laquelle est influencée par notre éducation, notre culture et nos croyances, qui déforment ainsi notre perception du monde.

Pourtant, en cheminant vers la connaissance de soi, nous pouvons transformer nos croyances limitantes en croyances aidantes, nous pouvons changer notre regard sur les choses, donner une autre signification aux événements. De plus, le travail va aussi consister à nous libérer des blessures du passé et des émotions qui y sont attachées. Ainsi, il y aura davantage de place pour ressentir le monde, avoir de l'intuition et recevoir les informations de l'univers.

J'ai pour habitude de dire que le travail sur soi, que ce soit en psychothérapie, en coaching ou à l'occasion d'une démarche philosophique ou spirituelle, nous amène à changer de lunettes pour avoir une vision du monde plus juste. En effet, nos problèmes du passé non résolus, nos fidélités aux parents ou aux aïeux, nos émotions non libérées obscurcissent notre perception du monde mais aussi de nous-mêmes. Ce grand nettoyage est salvateur, car libérateur. On se sent plus léger, plus libre, davantage acteur et créateur de notre vie. Et, pour couronner le tout, on perçoit les informations provenant de notre environnement d'une manière plus limpide. Ainsi, nous gagnons en discernement et pouvons agir avec plus de justesse et de sagesse.

Bien entendu, les champions du monde de la perception sensorielle sont les hypersensibles. Ils sentent tout plus que les autres, car ils sont dotés de sens plus développés que la moyenne. Certains vont être hypersensibles aux bruits, d'autres à la lumière, d'autres encore aux odeurs. Certains sont dotés de perceptions extraordinaires comme la synesthésie, qui est la capacité d'activer deux sens en même temps. Par exemple, voir des couleurs quand on entend de la musique (ce qui est le cas de la talentueuse pianiste et amoureuse des loups, Hélène Grimaud), voir des couleurs quand on entend des mots. On peut également citer la synesthésie tactile-miroir, qui consiste à ressentir les émotions et les sensations des autres dans son propre corps.

Les hypersensibles ont la capacité de sentir des informations très subtiles. Vous l'aurez compris : ils ont donc des facilités à vivre des synchronicités, peut-être parce qu'ils ont également un hémisphère cérébral droit plus actif.

Que vous soyez hypersensible ou non, avec synesthésie ou non, cela ne change rien quant au processus qui vous permettra d'entrer dans la magie des synchronicités, car tout est une question de connexion à soi-même. Plus nous sommes à l'écoute de nos émotions, de nos sensations et de notre monde intérieur, plus, paradoxalement, nous pouvons recevoir du monde extérieur. N'oublions pas que tout est interconnecté. C'est la raison pour laquelle, une fois que nous avons trouvé la porte d'entrée, nous avons accès aux indispensables informations du monde subtil.

LE FILTRE DES PERCEPTIONS

OBJECTIF

Nous voyons ce à quoi nous accordons de l'importance. Nous filtrons les informations en fonction de nos croyances et de ce qui nous semble important. Cet exercice permet de prendre conscience de notre façon de sélectionner les informations environnantes.

PRATIQUE

Asseyez-vous confortablement...

› Avant de fermer les yeux, repérez tous les objets bleus présents dans la pièce.

› Fermez les yeux.

› Prenez quelques respirations profondes.

› Repensez à tous les objets bleus que vous avez remarqués dans la pièce.

› Une fois que vous sentez le calme vous envahir, toujours les yeux clos, essayez de répertorier mentalement le nombre d'objets contenant la couleur rouge qui se trouvent dans la même pièce. En général, cette opération demande un peu plus de temps et de concentration.

› Reprenez une grande respiration.

› Ouvrez les yeux et faites le tour de la pièce afin de vérifier si vous aviez bien repéré tous les objets de couleur rouge. Normalement, certains d'entre eux vous ont échappé. C'est normal, et

→

cela illustre le fait que nous ne voyons que ce qui est important pour nous.
Vous pouvez essayer de reproduire cet exercice dans un lieu qui ne vous est pas familier. Observez le résultat.

Cet exercice permet de comprendre comment fonctionne un de vos filtres de perception. Vous avez ainsi pris conscience que vous êtes davantage réceptif à certains signes de la vie. Leur répétition mène à l'expérience de synchronicité. Si un symbole, un animal, une information sur un pays, une thématique se présente à vous de manière récurrente, cela signifie que votre inconscient est en train d'attirer votre attention sur un élément important pour vous.

Avec le temps, vous pourrez être attentif et rester ouvert afin de voir les choses sous un autre angle. Chaque jour, tentez de regarder différemment certaines scènes dont vous êtes témoin. Par exemple, vous pouvez essayer de considérer un événement de la vie quotidienne depuis le point de vue d'un interlocuteur. Ou bien imaginer que vous venez du futur : si vous aviez fait un saut de cinquante ans dans le passé, que verriez-vous ? De votre point de vue d'homme ou de femme du futur, qu'est-ce qui serait important et qu'est-ce qui serait un détail ?

Ce type d'exercice permet de s'entraîner à voir différemment, à interpréter d'une autre façon et à élargir notre vision du monde.

COMMENT LE CORPS ÉCOUTE…

En 1956, le Dr Hans Selye est le premier à nommer « stress » ce qu'il définit comme un syndrome général d'adaptation. Le stress est une réaction réflexe de notre organisme devant tout événement inattendu ou changement. Il y a le stress positif, l'« eustress », qui déclenche une montée d'adrénaline, appelée « l'hormone guerrière », afin de faire face ou éventuellement de fuir un danger. L'adrénaline permet la concentration de notre énergie pour une action efficace et immédiate.

Le « distress », ou stress négatif, appelé plus communément « stress », est le stress inadapté, qui survient quand nous sommes confrontés sur une longue durée et de manière répétitive à des événements perçus comme des dangers. Notre énergie est alors dépensée pour gérer nos émotions au détriment de l'action. Cette émotivité décuplée entraîne des conséquences au niveau de nos ressentis physiques, de nos émotions, de nos pensées et de nos comportements.

On distingue trois phases :

- **La phase 1 est la confrontation au danger :** nous devons fuir ou attaquer. Notre organisme sécrète des neuromédiateurs et des hormones comme l'adrénaline afin de mobiliser nos ressources. Notre corps réagit par une accélération du rythme cardiaque, des suées et une respiration rapide.
- **La phase 2 est la phase d'adaptation :** en cas de stress répété dans le temps, notre corps doit s'adapter pour tenir sur la durée. Notre corps sécrète une hormone appelée cortisol, afin de mobiliser nos ressources et de consommer nos réserves d'énergie. Cette hormone est liée à la tension artérielle et au système immunitaire.
- **La phase 3 est celle de l'épuisement :** nous ne pouvons pas tenir à long terme au-dessus du seuil de tolérance au stress. Le stress devient chronique et notre résistance décline. Nos réserves d'énergie s'amenuisent, entraînant un épuisement. Les troubles digestifs et cardiovasculaires font leur apparition, ainsi que des troubles psychiques tels que l'insomnie et la dépression.

Quand nous réalisons que nous avons dépassé les limites, il est impératif de faire retomber la pression. Il en va de notre santé physique et psychologique. Il ne faut pas attendre d'avoir résolu le problème qui se trouve à la source car, bien souvent, il est plus facile de régler les problèmes une fois l'équilibre retrouvé.

En situation de stress, notre faculté à percevoir des synchronicités est quasiment réduite à néant tant les émotions créent, dans de telles circonstances, une sorte d'aveuglement. De toute façon, dans cette situation, notre vision est réduite, car nous parons au plus urgent.

La respiration est la première bouée de secours qui s'offre à vous en période de stress. Votre respiration se coupe bien souvent en cas de stress, et si ce dernier est chronique, vous respirez à petit régime, sans forcément vous en rendre compte. Alors prenez l'habitude de respirer profondément et en conscience régulièrement dans la journée. Les montres intelligentes connectées proposent cette fonction et permettent de vivre une pause, en conscience, entraînant un retour au calme et une baisse de la pression artérielle.

La méditation est également un outil efficace dans la gestion du stress. De nombreuses applications pour Smartphone permettent de créer des bulles de paix où que l'on soit. Il existe des méditations pour le matin, la journée et le soir.

On trouve également des méditations guidées sur toutes sortes de thématiques.

La méditation de la pleine conscience, ou *mindfulness*, est particulièrement efficace et aide à mettre en place de nouvelles habitudes de vie.

Lorsque nous retrouvons détente et équilibre émotionnel, alors nous redevenons disponibles au monde extérieur. La paix intérieure est une porte qui peut s'ouvrir pour laisser entrer les messages de l'univers.

N'oubliez pas : le stress ainsi que les émotions fortes et négatives induisent un rétrécissement du champ de notre conscience et nous ferment au monde du subtil.

MÉDITATION POUR RECEVOIR

OBJECTIF

Pour parfaire votre réceptivité, il est conseillé de vous entraîner… Certaines méditations peuvent vous y aider, comme celle proposée ci-dessous. Ce moment de pleine connexion avec vous-même va vous ouvrir aux signaux que sont les synchronicités.

PRATIQUE

Installez-vous, le matin ou le soir, dans un endroit calme. Suivez les étapes de cette méditation de la coupe, et ressentez-en les effets immédiats.

› Asseyez-vous confortablement en lotus (posture de yoga) ou sur une chaise, les yeux fermés, et respirez naturellement, doucement.
› Observez votre respiration et imaginez que votre souffle est un flux d'énergie doré.
› Imaginez que ce flux solaire se diffuse à chaque inspire dans chaque recoin de votre corps. Imaginez que votre corps est un réceptacle capable de recevoir toute cette lumière.
› À chaque respiration, imaginez que le flux lumineux remplit vos poumons et remerciez la vie pour cela.
› Imaginez que ce flux enveloppe votre cœur. Remerciez.
› Qu'il se diffuse dans votre ventre. Remerciez.
› Qu'il se répand dans votre bassin. Remerciez.
› Qu'il descend dans vos jambes, enveloppe vos pieds. Remerciez.
› Visualisez à présent comme votre corps est imprégné d'énergie solaire dorée. Sentez que vous rayonnez davantage.
› Prenez le temps de ressentir tout cela.
› Observez et savourez.
› Concluez cette méditation par cette pensée : « Je me remercie de recevoir la vie dans toute sa pleine beauté. »

DÉTOX ÉNERGÉTIQUE

OBJECTIF

Être réceptif aux signes, aux coïncidences et aux synchronicités demande de la disponibilité. Or nous sommes parfois encombrés sur les plans énergétique, émotionnel et mental. Chaque année, nous sommes nombreux à effectuer une petite détox physique pour nous préparer au printemps. Il devrait en être de même régulièrement pour différentes dimensions de nous-mêmes. Voici une première étape détox orientée sur votre structure énergétique.

PRATIQUE

La dépollution énergétique : chaque matin, effectuez un exercice respiratoire qui vous permettra à la fois de prendre conscience de votre corps et de l'aider à se détoxifier en profondeur. La respiration du petit chien, ou respiration du feu, est couramment utilisée en yoga. C'est un formidable outil pour nettoyer les corps subtils et éliminer les toxines énergétiques.

› Assis confortablement, le dos bien droit, placez vos mains jointes devant votre poitrine, dans une attitude de prière.

› Fermez les yeux et orientez votre attention vers l'espace entre vos deux sourcils.

› Vous allez maintenant commencer la respiration du feu et la tenir pendant 1 à 3 minutes. Pour ce faire, imitez la respiration du chien lorsqu'il a chaud. L'expiration doit être plus forte et plus bruyante que l'inspiration. Si vous avez des difficultés, ne forcez pas. Avec le temps et la pratique, cet exercice vous paraîtra de plus en plus accessible. Si vous avez des problèmes cardiaques ou respiratoires, vous pouvez également choisir de passer directement à l'exercice suivant. Restez à l'écoute de votre corps.
› Pour clore la respiration du feu, inspirez et retenez votre souffle pendant 10 secondes, puis expirez et respirez normalement.
› Posez vos mains sur vos cuisses, paumes vers le ciel, et soyez à l'écoute de vos sensations. Ne faites rien d'autre qu'observer.
› Inspirez profondément de nouveau et expirez.
› Reprenez une respiration normale, puis adoptez une posture de repos.

VOTRE HYGIÈNE DE VIE EST AUSSI LA CLÉ DU SUCCÈS

Tout pratiquant de sagesse se plie à une discipline. Pourquoi ? Parce que cela structure sa démarche et lui donne des points de repère. Comment se souvenir de nos objectifs si nous n'avons pas une stratégie pour les atteindre ? Dans la démarche qui est la nôtre ici (conscience et connaissance de soi), il est bon de mettre en place de bonnes habitudes.

De plus, il est toujours utile de se défaire de ce qui entrave notre cheminement… Nous sommes pollués par beaucoup de choses, encore davantage si nous vivons en ville.

Cette pollution rend compliquée la perception des synchronicités, car si nos filtres sont encrassés, notre intuition sera faussée, voire indisponible. À l'inverse, si tout est en ordre dans notre vie, cela laisse de la place pour autre chose. C'est comme un placard plein à craquer que vous ne pouvez plus fermer tant il est rempli. Vous ne pouvez plus y déposer quoi que ce soit. Il en est de même avec nous : si nous sommes encombrés, les informations ne peuvent arriver jusqu'à nous. Il est donc temps de faire de la place, pour le meilleur et pour y voir clair.

Votre hygiène de vie devra se situer à plusieurs niveaux.

- **Sur le plan physique,** faites attention à ce que vous mangez pour ne pas intoxiquer votre corps. On connaît par exemple les effets néfastes du gras et du sucre. Les énergéticiens disent que manger de la viande fait aussi baisser notre taux vibratoire.

- **Sur le plan mental,** vous pouvez observer où vous en êtes. Vous allez découvrir le bavardage incessant qu'il y a dans votre tête, les autojugements et les éventuelles obsessions en cours. Le plus important est d'en avoir conscience, car ainsi vous pourrez agir. À chaque autojugement, transformez votre phrase en propos bienveillants à votre égard. Pour chasser les pensées en boucle, concentrez-vous sur votre respiration : à chaque inspiration, imaginez de la lumière couleur d'or qui entre en vous et chasse les toxines mentales ; à chaque expiration, imaginez que vous les expulsez.
- **Sur le plan émotionnel,** faites la liste des émotions que vous ressentez chaque jour. À la fin de la semaine, identifiez les deux émotions principales, celles que vous ressentez majoritairement. Si elles sont positives, continuez comme cela, car elles vous mettent dans un état de conscience élevée. Si elles sont négatives, trouvez-en l'origine et cherchez comment changer certaines choses dans votre vie.
- **Sur le plan énergétique,** n'hésitez pas à introduire de nouvelles pratiques dans votre routine comme du yoga ou du qi gong, ou à rendre visite régulièrement à un énergéticien.

OUI À L'HYGIÈNE DE VIE !

OBJECTIF

Pour recevoir les informations subtiles, il faut être disponible, et cela passe également par une certaine hygiène de vie. Je vous propose ici d'explorer quelques pistes...

PRATIQUE

Voici des propositions d'actions à mettre en place dans les prochains jours. Cochez chaque jour les objectifs atteints.

Par exemple : dans la rubrique « Supprimer la viande », faites 2 croix si au cours des deux repas vous n'avez pas mangé de viande rouge. Chaque jour, faites autant de croix que vous avez accompli de propositions.

	Jour 1	Jour 2	Jour 3
Supprimer la viande rouge			
Augmenter les légumes et les fruits			
Boire davantage			
Marcher davantage			
Respirer de manière consciente			

CERVEAU DROIT ET CERVEAU GAUCHE

Visualisez une noix, et vous aurez une représentation claire des hémisphères cérébraux gauche et droit. Cette grille de lecture est intéressante pour repérer à quel moment nous sommes davantage dans un mode de pensée analytique ou dans un mode de pensée créatif. En réalité, notre fonctionnement n'est pas aussi binaire, car nous utilisons différents aspects du cerveau, de façon plus ou moins complémentaire.

La partie gauche s'occupe du langage, du calcul, du raisonnement, de l'analyse, du détail, de la structure et du discours. Sa vision du monde est une représentation où tout est séparé, cloisonné, où les détails sont importants, pas les relations.

La partie droite est quant à elle plutôt impliquée dans la créativité, la reconnaissance des visages, les habiletés spatiales (danse et compréhension du langage corporel par exemple), la conscience sensitive, la perception de la musique et de l'intuition. Sa vision du monde est fondée sur l'importance des connexions et des relations.

Ces deux hémisphères travaillent en cohésion grâce au corps calleux qui permet aux informations de circuler d'un hémisphère à l'autre.

Bien que nous vivions dans une société où les valeurs de l'hémisphère gauche sont surreprésentées et survalorisées, il vous faudra activer davantage l'hémisphère droit pour accueillir les synchronicités dans votre vie. Percevoir les synchronicités demande de lâcher le mental et le raisonnement au profit d'une vision du monde plus poétique et sensible.

Selon Iain McGilchrist*, psychiatre, nous disposerions d'un potentiel peu exploité provenant de l'hémisphère droit de notre cerveau. Afin de remédier à cela, il nous invite à donner plus de place à l'humain et à l'irrationnel, à apprendre à aimer l'inconnu, à oser le changement. Pour lui, le monde sera meilleur lorsque nous éduquerons nos enfants de manière différente, en donnant plus de valeur aux dimensions du cerveau droit, c'est-à-dire aux relations et à la créativité.

* Auteur de *The Master and His Emissary : The Divided Brain and the Making of the Western World*, Yale University Press edition, 2009.

CERVEAU GAUCHE OU CERVEAU DROIT ?

OBJECTIF

La majorité des personnes utilise en même temps le cerveau gauche et le cerveau droit, avec toutefois une prédominance de l'un ou de l'autre. Découvrez votre tendance : fonctionnez-vous davantage avec un esprit analytique ou avec un esprit sensitif ? Le savoir permet de mieux vous connaître et de vous simplifier la vie.

PRATIQUE

Voici un test qui vous permettra de déterminer lequel de votre cerveau gauche ou de votre cerveau droit domine chez vous (test de Gereon Fink de l'université de Düsseldorf).

› Que voyez-vous en premier ?

```
AAAAAAAAA     HHHHHHHH          EEEE
AAAAAAAAA     HHHHHHHH         EE  EE
AA            HH              EE    EE
AAAAAAAAA     HHHHHHHH       EEEEEEEEE
AAAAAAAAA     HHHHHHHH      EEEEEEEEEE
AA                  HH     EE        EE
AAAAAAAAA     HHHHHHHH    EE          EE
AAAAAAAAA     HHHHHHHH   EE            EE
```

› Avez-vous vu les grandes lettres (E, S, A) ou bien les petites lettres dans les grandes (A, H, E) ? Logiquement, vous avez vu les

→

deux, mais ce qui est intéressant, c'est de savoir lesquelles vous avez vues en premier… Si vous avez vu les grandes lettres en premier, c'est que vous avez utilisé la partie droite de votre cerveau. Si vous avez vu les petites lettres en premier, alors vous avez fait appel à la partie gauche de votre cerveau.

› Dans l'image suivante, dites aussi vite que possible le premier animal que vous voyez.

› Si vous avez vu d'abord la tête de tigre (à gauche de l'image), l'hémisphère gauche de votre cerveau est plus actif que le droit. Vous êtes donc davantage analytique, réfléchi, rationnel, réaliste et organisé.

› Si vous avez vu en premier le singe suspendu (au centre de l'image), votre hémisphère droit est prédominant. Vous êtes plutôt créatif et novateur. Vous faites confiance à votre intuition. Vous avez tendance à être impulsif, émotif, artiste et rêveur.

VIVE LE CERVEAU DROIT !

OBJECTIF

Il est indispensable de mettre en place un mode de vie permettant à notre cerveau dit « droit » de s'activer davantage.

PRATIQUE

Je vous propose d'adopter, de manière globale, une nouvelle façon de vivre, afin de développer une meilleure réceptivité. Et surtout de cultiver un sentiment d'harmonie. Car si vous êtes sensible à la notion de coïncidence et de sens de la vie, alors vous êtes certainement aussi à la recherche de nouvelles habitudes qui amélioreront votre bien-être. Voici les cinq piliers d'une vie fondée sur le cerveau droit...

1. Apprenez encore et toujours

Mais pas n'importe quoi ! Ce qui vous fait envie, ce qui vous plaît, ce qui vous met en joie.

2. Dansez ou faites du sport

Cette activité vous permettra de canaliser votre énergie, d'évacuer votre stress et donc d'avoir de nouvelles idées. L'activité sportive, on le sait, permet de sécréter davantage d'endorphines (hormones antidouleur et euphorisantes), de dopamine (hormone de la vigilance et du plaisir), d'adrénaline et de noradrénaline (qui contribuent à une meilleure gestion du stress).

→

3. Laissez parler votre créativité

Autorisez-vous la pratique d'un art. Ne vous censurez plus. N'exigez plus d'être parfait, sinon vous ne pourrez jamais pratiquer cette activité dont vous rêvez. Le plus important n'est pas de faire parfaitement, mais de vous faire plaisir.

4. Tournez-vous vers l'art

Faites de la place dans votre agenda pour visiter des expositions, aller à des concerts, écouter de la musique ou danser. Loin d'être futile, l'art est une ressource dont certains d'entre nous ont particulièrement besoin pour être heureux. Alors n'hésitez surtout pas à faire entrer plus de beauté dans votre vie !

5. Privilégiez l'amour

Ainsi, votre organisme sécrétera davantage d'ocytocine, l'hormone du lien, et de sérotonine, l'hormone du bonheur. Si vous êtes plutôt sensible, si vous aimez les belles choses et l'harmonie, vous avez forcément besoin d'amour. N'en ayez pas honte, et accordez-vous plus d'amour, plus d'amitié et davantage d'instants de partage. C'est bon pour votre cerveau, pour votre cœur et votre corps.

Notez les activités nouvelles que vous décidez de mettre en place dans votre vie ainsi que celles que vous pratiquez déjà mais que vous souhaitez développer. ....

....

Chapitre 4

Rapport au temps et physique quantique

La notion de matrice est tirée de la physique quantique : le vide n'existe pas et est illusoire, car selon certains chercheurs, nous vivons dans un bain d'énergie. Il y circule une vaste quantité d'informations passées, présentes et futures. Nos pensées, nos émotions entrent en résonance avec d'autres pensées et émotions crées par nos semblables. Il est dit que si nous sommes dans de bonnes dispositions, nous pouvons envoyer une intention à l'univers : cette information voyage dans la matrice et entre en contact avec d'autres informations pour nous revenir enrichie.

C'est ainsi que peuvent s'expliquer certaines coïncidences : vous pensez à un ami que vous n'avez pas vu depuis un moment et, quelques heures plus tard, vous recevez un appel téléphonique de cette personne.

Nous sommes reliés les uns aux autres par le champ quantique, et les informations subtiles circulent ainsi au-delà de l'espace et du temps.

Nous pouvons être acteurs et créateurs de notre réalité. Nous sommes des émetteurs-récepteurs. À nous d'entrer dans la danse.

AU-DELÀ DE LA LIGNE DU TEMPS

Notre perception du temps n'est pas la seule façon de « lire » l'existence. D'autres dimensions spatio-temporelles existent et peuvent expliquer bien des mystères.

Notre perception du temps est linéaire : le passé est derrière nous, le futur devant ; entre les deux, nous trouvons un présent constant. Mais cette conception n'a pas toujours été celle des hommes : c'est le courant catholique qui a imposé cette linéarité afin de s'éloigner de la vision païenne.

Dans l'Antiquité grecque, on considérait qu'il existait trois temps : Chronos, qui correspond au temps linéaire ; Aion, le temps cyclique sans fin (les saisons, les cycles lunaires, etc.) ; Kairos, le temps métaphysique suspendu, élastique, favorable pour agir (il est temps, à temps, au bon moment...). C'est dans ce dernier temps que les synchronicités se manifestent. Kairos unit des personnes, des événements, des faits sans lien de causalité et qui pourtant ont du sens l'un pour l'autre pour celui qui les observe. Dans ce temps-là, tout ne fait qu'un et, dans cette unité de l'espace et du temps, le phénomène des synchronicités se produit pour nous apporter des enseignements ou des réponses.

Nous vivons dans le temps de Chronos, avec un avant et un après, mais notre conscience est connectée à un autre temps, celui du Kairos où tout est lié. Notre conscience est connectée à Kairos par la télépathie, l'intuition, la clairvoyance, les rêves, les synchronicités. Ce temps est celui que certains appellent « de l'autre côté du voile ». Il s'agit du voile de l'illusion, de la matière et du temps linéaire, qui nous empêche de voir au-delà des apparences.

GÉRALDYNE

QUAND UN LECTEUR CROISE UN PERSONNAGE DE ROMAN

Un matin, mon amie Kat m'écrit, tout émue. Elle sait, car je le lui ai dit, qu'elle est un des personnages de mon roman *Écoute les signes que la vie t'envoie*, le roman initiatique des synchronicités.

Kat a justement vécu une synchronicité impressionnante. Ele est montée dans une rame de métro et s'est assise à côté d'une dame qui lisait. Dans un premier temps, Kat n'a pas fait attention à sa voisine, jusqu'à ce que cette dernière tourne la page de son livre. C'est alors que Kat a découvert qu'il s'agissait de mon roman. Émue, elle a regardé la lectrice avec l'envie de lui crier : « Je suis un des personnages de ce roman ! C'est

→

moi la fille au tatouage. Vous êtes en train de vivre une synchronicité de dingue et vous ne le savez pas ! »

Mais Kat, trop timide et surtout sidérée, n'a rien dit. Elle a regardé la lectrice et s'est dit que, quand même, c'était une expérience incroyable d'être un personnage de roman, surtout d'un roman lu au même instant en sa présence. Et que c'était encore plus dingue pour la lectrice d'être assise à côté d'un des personnages du livre qu'elle était en train de lire.

LE TEMPS N'EXISTE PAS

OBJECTIF

Nous savons que les synchronicités sont acausales, c'est-à-dire sans causes. Nous savons qu'elles ne sont pas soumises à la temporalité telle que nous la vivons. Une des façons d'aller plus loin dans l'exploration des synchronicités est d'apprendre à jouer avec le temps. Je vous propose de vous extraire ponctuellement du temps linéraire, et ainsi d'avoir accès à d'autres informations.

PRATIQUE

Familiarisez-vous avec le Kairos, le temps métaphysique suspendu. Apprenez à le reconnaître et à voyager avec lui.

› Sur une journée ou une semaine, notez ici les différents moments qui vous ont semblé relever de Chronos, d'Aion et de Kairos.
Des indices peuvent vous aider :

- Avec Chronos c'est facile, car il s'agit du temps que vous connaissez le mieux.
- Vous êtes dans Aion lorsque vous avez l'impression que tout se suit sans fin, comme si vous étiez prisonnier d'un cercle.
- Vous êtes dans Kairos toutes les fois où vous ne voyez pas le temps passer. Toutes les fois où une heure s'est écoulée alors que vous avez l'impression d'avoir regardé votre montre il y a à peine cinq minutes.

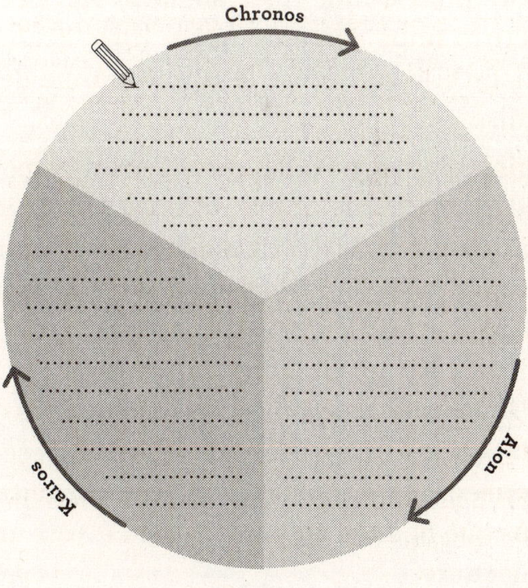

→

› Au cours d'une méditation, imaginez qu'un voile est présent dans votre quotidien et que derrière se trouve un ensemble d'informations. Imaginez qu'il vous suffit de traverser le voile pour avoir accès à Kairos et au monde des synchronicités.

LA RÉTROCAUSALITÉ

Nous sommes déterminés autant par notre passé que par notre futur.

Selon la théorie de l'univers-bloc d'Einstein, c'est comme si nous avancions dans un tunnel invisible qui oriente nos pas, du passé vers le futur, pour tout le reste de notre vie. Cette théorie nous prive de notre libre arbitre puisqu'elle considère le futur comme déjà réalisé.

Mais le physicien Philippe Guillemant propose une autre théorie : notre futur est bel et bien déjà réalisé, mais il peut changer, tout comme « [...] un tunnel invisible qui flotterait sur un océan pourrait bouger » ou une trajectoire déjà calculée par un GPS pourrait changer. « On n'est pas obligé de suivre les instructions du GPS. » Notre « posture » dans l'instant présent (pensées, émotions, etc.) va nous orienter, sans que nous en ayons conscience, vers une trajectoire.

Ce qui veut dire que nous pouvons, d'une certaine façon, agir sur notre futur : en effectuant un travail sur soi en profondeur permettant de se connecter au Soi (Moi supérieur) plutôt qu'à l'ego, de se libérer de certaines croyances sur soi-même, les autres et le monde, il est possible d'adresser une intention à notre futur. Comme le temps n'existe pas à un certain niveau de conscience, le futur reçoit ce souhait immédiatement. Il y a alors une augmentation de probabilités aidée par le hasard, qui entraîne une synchronie (un ensemble d'événements considérés comme simultanés). Apparaît alors la synchronicité, qui va nous indiquer le chemin à suivre, comme le feraient des panneaux de signalisation. Si nous sommes réceptifs, nous rejoignons le souhait futur qui nous attend dans notre temporalité.

CHANGEZ LA ROUTE DU DESTIN

OBJECTIF

Il s'agit de prendre conscience de votre capacité à faire des choix et à sortir des rails d'une destinée soi-disant déjà dessinée. Votre capacité à changer de programme révèlera votre souplesse et votre libre arbitre, et votre conscience pourra agir en symbiose avec l'environnement.

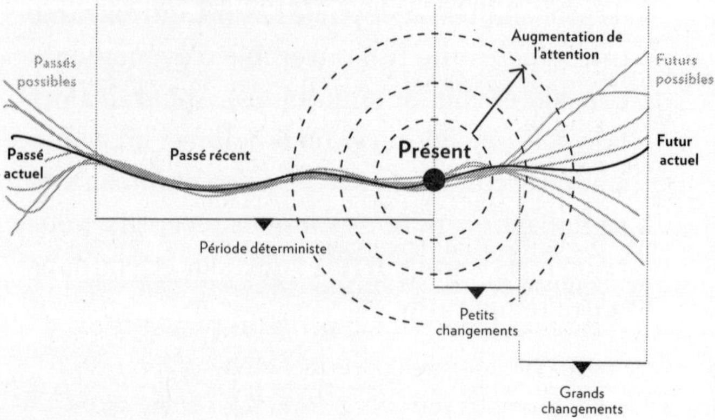

PRATIQUE

Voici un dessin, inspiré des recherches de Philippe Guillemant, un ingénieur physicien français diplômé de l'École centrale Paris et de l'Institut de physique du globe. Il est docteur en physique du rayonnement et habilité à diriger des recherches. Il est également l'auteur de plusieurs ouvrages. Cette représentation permet de prendre conscience du champ des possibles qui s'offre à nous.

› Observez ce dessin. La ligne foncée représente le chemin actuel, celui sur lequel vous êtes. Mais comme votre vie n'est pas déterminée, vous pouvez bifurquer sur une des lignes claires dès que vous faites un choix différent. Ainsi, vous changez de rails en quelque sorte et élargissez votre champ d'expérience de vie. Cet élargissement fait notre richesse. Mais attention à ne pas vous perdre. La boussole qui vous permet de garder le cap est constituée de vos émotions et de vos valeurs. C'est pourquoi il faut toujours se poser la question : qu'est-ce qui est important pour moi dans la vie ?

› Pendant une semaine, notez en fin de journée toutes les fois où vous avez fait autre chose que ce qui était prévu, et ce que cela a entraîné comme conséquence dans votre vie. Par exemple, vous aviez décidé de pique-niquer avec des amis, mais il s'est mis à pleuvoir, alors vous êtes allé au cinéma. Sur votre route, vous avez rencontré un vieil ami perdu de vue depuis longtemps. Sans la pluie et votre décision de changer de programme, vous n'auriez sûrement pas rencontré cet ami. Notez les coïncidences, signes et synchronicités que vos choix ont éventuellement entraînés.

→

Lundi : ....
....
....

Mardi : ....
....
....

Mercredi : ....
....
....

Jeudi : ....
....
....

Vendredi : ....
....
....

Samedi : ....
....
....

Dimanche : ....
....
....

2

METTEZ-VOUS EN CONDITION POUR LAISSER PLACE À LA MAGIE

Entrer dans la magie de la vie et comprendre son langage demande une jolie et profonde préparation. Cette joyeuse initiation consiste à entrer en contact avec nous-mêmes, puis avec le mystère de la vie. Dans un premier temps, il est important de comprendre les subtilités de la langue (les signes, les synchronicités, les coïncidences), pour ensuite affiner notre perception. Enfin, il s'agit de s'ouvrir à soi, aux autres et au monde. La clé de ce cheminement ? Apprendre à se faire confiance et à s'en remettre à la vie. Car lorsque nous nous laissons porter, il se produit des événements amusants, voire extraordinaires.

EXTRAORDINAIRE ! Hors de l'ordinaire. Voilà le maître mot !

Si nous apprenons à voir au-delà du voile des illusions, si nous comprenons qu'autre chose existe au-delà des apparences, alors nous sortons de l'ordinaire et découvrons un monde fabuleux fait de signes, de symboles et de rencontres. Nous comprenons que chaque événement n'est pas hasardeux, mais qu'il a du sens. Que si le hasard existe, il a quelque chose à nous dire. En nous ouvrant à la magie de la vie, à l'extraordinaire de notre existence, nous adoptons une nouvelle posture au quotidien et donnons alors du sens à ce qui nous arrive. Ou plutôt... tout prend sens !

Chapitre 1

En quête de vous-même, en quête de sens

Aussi fondamentale que soit cette étape, elle est avant tout très joyeuse. C'est une invitation à adopter un état d'esprit joueur, afin de danser au mieux avec la vie. Tout comme on se prépare à une fête, il est essentiel d'être dans les meilleures dispositions afin de recevoir les signes. Faisons de la place à la magie dans notre vie, et elle aura envie de nous visiter.

Nous sommes bien souvent encombrés de souvenirs, d'habitudes, de pensées, de croyances, d'objets. Parce que nous sommes surchargés, nous ne voyons qu'une petite partie du paysage, un peu comme si nous portions une haute pile de livres devant notre visage. Notre vision est tronquée. Il est donc temps de se délester, de se libérer et de découvrir autre chose. On dit que la nature n'aime pas le vide, alors offrons-lui l'espace suffisant pour que le merveilleux advienne.

Nous pourrons ainsi devenir des magiciens et des magiciennes, en posant des actes dont nous connaîtrons les répercussions. Il est en notre pouvoir de passer d'apprentis inconscients à magiciens conscients. Et c'est alors que nous pourrons déclencher des événements, créer du mouvement et jongler avec les informations.

LA QUESTION DU JE

Tous les enseignements spirituels, tous les courants philosophiques posent cette fameuse question du « qui suis-je ? ». Cette question fondamentale permet de s'interroger pour se trouver. Elle part du principe que le « moi je » prend racine dans l'éducation et la culture que nous avons reçues, l'environnement dans lequel nous avons grandi. Il suffit de se rendre dans un pays aux us et coutumes totalement différents pour comprendre que nous sommes constitués d'automatismes comportementaux et cognitifs. Allez au Japon et vous verrez les choses différemment : aucun contact physique en guise de salutation, les rues ne portent pas de noms, la peau blanche est le must et dire non est totalement exclu.

Nous sommes le fruit d'une éducation et d'une adaptation à notre environnement. Le Je authentique est caché derrière un ensemble de réflexes de comportements et de pensées. Partir à la rencontre de celui-ci est une formidable aventure, qui permet plus de vérité avec soi.

QUI SUIS-JE ?

OBJECTIF

Il s'agit d'entrer davantage en contact avec vous-même et votre vrai Je, celui qui n'est pas égotique mais authentique. Cette démarche remonte à des millénaires et demeure pourtant l'étape essentielle de la véritable connaissance de soi.

PRATIQUE

À la rencontre de vous-même, suivez les étapes proposées en prenant tout le temps nécessaire pour répondre. Vous pouvez avoir besoin de plusieurs heures ou de plusieurs jours.

› Notez ce que votre entourage proche ou lointain a dit ou dit de vous, par tranche de vie :

- Enfance jusqu'à 12 ans (par exemple : tu es fainéant). ....
- Adolescent(e) et jeune adulte jusqu'à 25 ans (par exemple : tu es intelligent, mais tu n'en fais qu'à ta tête). ....
- Adulte (par exemple : tu as un sale caractère, mais tu es généreux). ....

› Remarquez comme vous vous êtes identifié à tout ceci. Réfléchissez et sélectionnez ce qui vous semble réellement vous, sans tenir compte de l'opinion des autres. ....
....

→

› À présent, notez ce « Je suis » qui semble réellement vous, sans tenir compte de ce que les autres pensent. Un indice : le « Je suis » non égotique est généralement au service de la beauté, du bien-être des autres, de la lumière, de la douceur, de la compassion, de la contribution à un monde meilleur…

Je suis……………………………………………

Je suis……………………………………………

Je suis……………………………………………

DES VALEURS POUR LA VIE

OBJECTIF

Vos valeurs sont les artères de votre mission de vie. Pour votre équilibre et pour vous simplifier l'existence, il est indispensable que vous soyez en accord avec elles.

PRATIQUE

Faites le point sur ce qui est important pour vous. Cochez les valeurs qui sont les vôtres dans chacun des domaines de votre vie et classez-les par ordre de préférence : le numéro 1 étant la valeur fondamentale, le numéro 4 étant la moins importante.

Vie amoureuse

- ❒ Fidélité
- ❒ Franchise
- ❒ Honnêteté
- ❒ Engagement

Vie amicale

- ❒ Honnêteté
- ❒ Fidélité
- ❒ Franchise
- ❒ Gentillesse

Vie professionnelle

- ❒ Communauté
- ❒ Créativité
- ❒ Autonomie
- ❒ Responsabilité

Vie familiale

- ❒ Joie
- ❒ Confiance
- ❒ Partage
- ❒ Amour

Dans chaque domaine de vie, vous avez à présent identifié votre valeur fondamentale : il s'agit de celle à laquelle vous avez attribué le numéro 1. Pour votre bonheur, ces valeurs doivent pouvoir exister le plus souvent possible dans votre quotidien.

À présent, interrogez-vous :

› Ces valeurs sont-elles à l'œuvre dans votre vie ?

› Si ce n'est pas le cas, que devez-vous changer pour leur permettre d'exister ?

VOTRE MISSION DE VIE

Selon la tradition juive, l'enfant possède avant de naître le savoir entier de l'humanité, du passé au futur. À sa naissance, l'ange de l'oubli pose son doigt sur les lèvres de l'enfant et y laisse son empreinte. La fossette que nous avons entre le nez et la lèvre supérieure est ce sceau du silence.

Nous sommes tous sur cette terre pour accomplir quelque chose, mais nous l'avons oublié. C'est comme si nous avions perdu la mémoire au moment de venir au monde... Certains d'entre nous cependant entraperçoivent des bribes d'informations, comme on se souvient vaguement d'un rêve.

Cette mission est le contrat sacré dont les informations figurent dans votre psyché et votre âme. C'est ce qui vous a amené sur cette terre et vous a conduit à expérimenter cette vie.

Prenez cela comme un jeu : vous avez une mission, mais vous avez oublié son existence et en quoi elle consiste. Votre challenge ? Vous en souvenir et accomplir ce pour quoi vous êtes venu.

Pour retrouver la mémoire de votre mission, vous devrez interroger votre âme ou votre cœur. Pour ce faire, il vous faudra entrer dans un état méditatif facilitant l'introspection, puis en conscience, en pensée, rejoindre votre espace intérieur et plus particulièrement le centre de votre poitrine. Lorsque votre mental sera calme, vous demanderez à votre âme de vous donner des informations afin que vous puissiez trouver le chemin avec plus de facilité. Sa réponse vous parviendra peut-être sous forme de sentiments, de visions, d'intuitions, d'inspirations, de pensées renouvelées et, bien entendu, dans les jours suivants, de synchronicités.

Lorsque vous aurez trouvé votre mission d'âme, vous sentirez une évidence, un alignement. Vos paroles et vos actions ne seront plus forcées ou fausses, mais vraies et authentiques. Alors tout sera simple et coulera de source.

N'oubliez pas que certains freins peuvent se manifester en chemin : le doute, l'autojugement ou le jugement des autres, des croyances limitantes ou celles de la société, la culpabilité et toutes les formes de l'ego (contrôle, vexation, domination, jugement, critique, illusion de toute puissance, rejet, peur).

L'écoute de votre cœur et des synchronicités peut vous aider à trouver votre voie, comme des panneaux de signalisation indiquent telle direction ou telle autre. Les synchronicités permettent d'en apprendre davantage sur soi et de garder le cap dans la grande aventure de la vie.

SANDRINE

LE SCARABÉE

Il y a quatorze ans, j'ai souhaité comprendre les fondements de l'inconscient au travers d'une formation en psychanalyse jungienne, mais je m'interrogeais sur cette orientation.
Il se trouve qu'un jour, je lisais sur la terrasse de mon appartement un livre sur les synchronicités. Notamment le fameux passage qui relate le rêve d'une patiente interprété par C. G. Jung. L'une de ses patientes lui raconte qu'elle a rêvé d'un scarabée d'or et, à cet instant, un scarabée doré tape sur la fenêtre du cabinet. Eh bien, au moment précis où je lisais ce récit, un scarabée est tombé sur mon livre. J'ai tout lâché, je n'en revenais pas ! Ce scarabée venait répondre à la question que je me posais : suis-je sur le bon chemin ? Cette synchronicité me confirmait que oui.
Depuis ce jour, lorsque je suis amenée à prendre de grands virages dans ma vie, je trouve toujours un scarabée dans ma maison, dans des endroits improbables. L'événement survient parfois plusieurs jours de suite, comme une confirmation.

À CHACUN SA PLACE

OBJECTIF

Il s'agit ici de prendre conscience de votre place sur terre, de la raison de votre présence dans ce monde. Elle n'est pas due au hasard, elle a une raison. En prendre conscience vous procurera une plus grande paix.

PRATIQUE

Prenez le temps de répondre aux questions suivantes :

› Survolez en pensée votre vie depuis votre naissance jusqu'à aujourd'hui : est-ce qu'un thème récurrent s'en dégage ? ....
....

Quels étaient vos rêves au début de votre vie ?
....
....

Sont-ils toujours d'actualité ? ....
....

Si oui, comment pourriez-vous aujourd'hui réaliser ces rêves ? ....
....

Quels sont les freins à leur réalisation ? ....
....

Avez-vous des croyances limitantes sur vous, sur la vie, sur le monde ? ....
....

→

Quel est votre degré de résistance au changement ? ....

....

Quel est le degré de résistance de vos proches à votre propre changement ? ....

....

Si vous avez perdu un rêve en cours de route… il est temps de vous autoriser à le vivre. Si vous ressentez de la joie ou de l'excitation rien qu'à y penser, alors n'hésitez pas. Il est encore temps de vivre ce que vous désirez.

Si des blocages, des freins vous empêchent de réaliser ce pour quoi vous êtes fait, vous pouvez envisager les choses autrement. Ne vous forcez pas. Allez-y graduellement. Les grands changements se font toujours à petits pas.

VOTRE RELATION AU MONDE EST CONDITIONNÉE PAR VOTRE PASSÉ

Imaginez votre vie comme un chemin, le chemin du temps : derrière vous se trouve votre passé ; ici, là où vous êtes assis, se trouve le présent ; devant vous se déroule le futur avec tous ses potentiels.

La mémoire autobiographique joue un rôle fondamental dans la construction de notre identité et la continuité de notre existence. En psychologie, on dit que notre identité vient du récit de vie construit à partir des souvenirs de nos expériences passées. Nous nous identifions à notre histoire et au sens que nous donnons à la série d'événements majeurs qui ont jalonné notre vie. Cependant, nous ne gardons pas tout en mémoire : seuls les événements en lien avec nos valeurs sont retenus.

Afin de mieux comprendre comment notre passé nous influence, imaginez-vous assis au bord d'une rivière. Nous sommes au printemps lors de la fonte des neiges. Voyez comme l'eau roule avec force depuis le sommet des montagnes. Prenez ensuite conscience de la magnifique métaphore que vous contemplez : l'écho de votre passé arrive jusqu'à vous comme l'eau de cette rivière. Les informations étaient figées dans la glace ; mais à présent elles sont libérées par la fonte des neiges. Ainsi, vos traumatismes, vos regrets, vos colères, vos tristesses peuvent s'écouler, libérer leurs mémoires et se dissoudre dans les flots. Pour cela, votre inconscient a besoin que vous participiez en conscience au processus, sinon les mémoires du passé vont rester bloquées et continuer à influencer votre présent.

Les blessures, les chocs, les croyances familiales, les modèles parentaux sont autant d'éléments qui colorent notre vision du monde. Vous avez des convictions, des présupposés sur les autres, des croyances sur vous-même qui vont vous freiner ou vous rendre la vie difficile. C'est la raison pour laquelle il est indispensable d'aller regarder du côté du passé et de ne plus vous accrocher à ce que vous ne pouvez pas changer.

On a observé que les personnes qui se souviennent bien de leur passé ont des aptitudes à se projeter dans le futur. Se souvenir du passé et s'imaginer l'avenir viennent solliciter les mêmes processus neurocognitifs. À croire que le temps disparaît lorsqu'il est question des régions du cerveau que nous activons.

En s'allégeant du passé, on peut aborder le monde avec plus d'objectivité, et surtout davantage de disponibilités pour enfin recevoir les signes que la vie propose. Le passé influence notre présent, mais si nous sommes en conscience, il ne détermine plus notre vie. À nous de réaliser ce pouvoir extraordinaire qui consiste à pouvoir choisir à chaque instant.

DU PASSÉ, FAISONS TABLE RASE

OBJECTIF

Je vous propose de vous libérer du passé, qui colore votre vision du monde.

PRATIQUE

Autorisez-vous à faire cet exercice sur plusieurs jours. Prenez votre temps, car il s'agit d'une phase délicate du travail. Suivez les étapes dans l'ordre proposé.

❯ Notez sous forme de liste les événements les plus importants de votre passé, selon votre ressenti.

....

....

❯ Répartissez maintenant ces événements sur la ligne du temps. Vous pouvez utiliser plusieurs couleurs afin de faire ressortir les moments plus intenses. Par exemple, en utilisant le rouge pour les moments les plus difficiles émotionnellement, le bleu pour les événements les moins intenses. Relevez les liens qui existent entre les différents événements (il y en a forcément : répétitions, évitement, etc.).

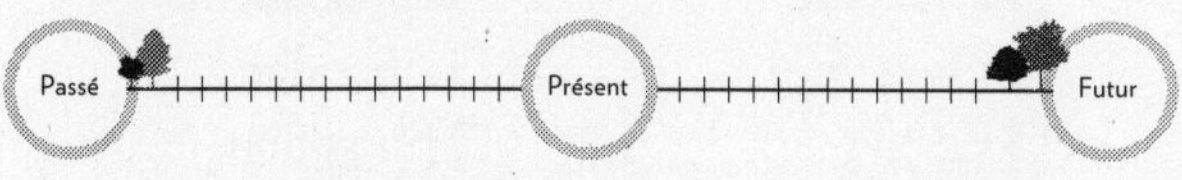

❯ Nos blessures ont bien souvent des thématiques communes, elles entrent dans des

→

catégories. C'est en les regardant sous cet angle que vous pourrez découvrir s'il existe un phénomène de répétition. Tentez de comprendre dans quelle catégorie se trouvent vos blessures en entourant les mots qui résonnent le mieux avec votre histoire. Les mots sélectionnés peuvent entrer dans la même thématique : vous découvrirez ainsi la catégorie et pourrez la nommer. Par exemple : 1er événement, j'ai été séparé de ma mère à la naissance. 2e événement, mon père a quitté le foyer lorsque j'avais 6 ans. 3e événement, le décès d'un proche, etc. En lien avec ce type d'événements, on peut sélectionner les mots suivants : abandon, perte, deuil, insécurité. La catégorie peut être nommée : abandon.

- ❒ Perte
- ❒ Déracinement
- ❒ Solitude
- ❒ Liberté
- ❒ Jalousie dans la fratrie
- ❒ Deuil
- ❒ Non-reconnaissance
- ❒ Protection
- ❒ Insécurité
- ❒ Ouverture
- ❒ Conflit
- ❒ Secrets de famille
- ❒ Harcèlement
- ❒ Non-culture
- ❒ Culture
- ❒ Rejet
- ❒ Autoritarisme
- ❒ Possessivité
- ❒ Fusion
- ❒ Harcèlement
- ❒ Absence
- ❒ Sécurité
- ❒ Fermeture
- ❒ Envahissement
- ❒ Abandon
- ❒ Migration
- ❒ Jugement
- ❒ Violences
- ❒ Intégrisme

› Essayez de répondre aux questions suivantes…

- « Qu'est-ce qui me permettrait de vraiment me libérer de la charge émotionnelle et psychique de l'événement le plus marquant de ma vie ? » Par exemple : parler à un des membres de ma famille ? Ne plus être en relation avec un membre de ma famille ? Pardonner ? Accepter ce que je ne peux pas changer ? ....
....
- « À quoi dois-je dire adieu ? » ....
....
- Quelle serait la phrase de conclusion pour cette étape ? Par exemple : « Enfin libre » ? « Je n'ai rien à me reprocher » ? « Je suis quelqu'un de bien » ? « Le passé ne me définit pas » ? « Je laisse derrière moi le passé et j'accueille la beauté du présent » ?
....
....

CROYANCES LIMITANTES ET CROYANCES AIDANTES

Une croyance limitante, également appelée « blocage mental », est une conviction sur soi, les autres ou le monde qui nous empêche de nous épanouir et de nous réaliser. Une croyance a autant le pouvoir de nous construire que de nous détruire. Par exemple, une personne qui cherche l'amour mais qui est convaincue qu'en se mariant elle perdra sa liberté bloquera tout le système sans même le savoir et ne fera que des rencontres qui ne dureront pas, ou pas de rencontres du tout. Ou pire, elle ne rencontrera que des personnes abusives qui voudront la contrôler et l'empêcheront d'être libre, ce qui ne fera que confirmer sa croyance. Car malheureusement, ce que nous faisons dans ces cas-là, c'est valider inconsciemment notre croyance. Dans cet exemple, la personne veut sincèrement rencontrer quelqu'un avec qui vivre une belle histoire d'amour, mais son inconscient veut valider la croyance. Pour pouvoir la transformer, elle devra prendre conscience de son système de pensées.

Nos croyances viennent de pensées collectives présentes dans la société, de ce qui nous a été transmis au cours de notre éducation, de nos blessures d'enfance et de notre parcours de vie.

Pour John Grinder et Richard Bandler, les créateurs de la PNL, il existe trois catégories de croyances limitantes : le désespoir (je ne pourrai jamais atteindre cet objectif), l'impuissance (je ne suis pas capable), la dévalorisation (je ne suis pas légitime).

Les croyances limitantes couvrent tous les champs de notre vie, comme par exemple :

- **L'amour :** « les histoires d'amour finissent mal en général », « les hommes ne sont pas fidèles »...
- **La vie :** « la vie n'est pas un long fleuve tranquille », « dans la vie on ne fait pas toujours ce qu'on veut », « la vie est un combat »...
- **Le travail :** « il faut faire de grands efforts pour réussir »...
- **L'argent :** « l'argent ne fait pas le bonheur », « les riches ne sont pas honnêtes »...

Une croyance aidante est une conviction qui facilite notre existence. Une personne convaincue que la vie est un magnifique cadeau sera plus disposée à voir les aspects positifs des événements, sera disponible pour de nouvelles opportunités et adoptera au quotidien un état d'esprit positif facilitant la réalisation de ses désirs.

Les croyances aidantes sont bénéfiques quel que soit le domaine :

- **L'amour :** « on a tous rendez-vous avec l'amour »...
- **La vie :** « la vie veut le meilleur pour moi »...
- **Le travail :** « la seule façon de faire du bon boulot, c'est d'aimer ce que vous faites » (Steve Jobs)...
- **L'argent :** « abondance ne nuit point »...

À vous de transformer vos croyances limitantes en croyances aidantes afin d'alléger durablement votre quotidien.

NO LIMITES !

OBJECTIF

Transformer nos croyances limitantes en croyances aidantes est possible. Pour ce faire, il est important de prendre conscience de leur existence, pour effectuer un petit travail de transformation positive.

PRATIQUE

Notez trois affirmations qui vous semblent des croyances limitantes. Par exemple : « Dans ma vie, tout est toujours compliqué. »

Les croyances limitantes se développent dans le but de remplir une fonction positive : protéger, poser des limites, être aimé... Demandez-vous alors quelle est l'intention positive liée à chacune de ces trois croyances. Par exemple : quelle est l'intention positive dans la conviction que tout est difficile pour moi dans la vie ? La réponse peut être : d'être assuré d'avoir de la force et du courage.

Croyance limitante n° 1 : ....

....

Quelle est sa fonction positive ? (par exemple : avoir de la force et du courage)

....

....

Trouvez une jolie formule qui résume votre croyance aidante (par exemple : nous pouvons toujours faire appel à notre force intérieure) :

....

....

Croyance limitante n° 2 : ....

....

Quelle est sa fonction positive ? ....

....

Trouvez une jolie formule qui résume votre croyance aidante : ....

....

Croyance limitante n° 3 : ....

....

Quelle est sa fonction positive ? ....

....

Trouvez une jolie formule qui résume votre croyance aidante : ....

....

Vous commencez à devenir expert en croyances aidantes. N'hésitez pas, à tout moment, à identifier vos croyances limitantes et à chercher les croyances aidantes associées. N'oubliez pas : on peut toujours dire que les croyances sont vraies. Il est toujours possible de trouver des dizaines

→

d'exemples pour justifier notre conviction. Mais cela ne signifie pas pour autant qu'il s'agit d'une vérité. Les croyances reposent sur des généralités et sur les expériences vécues. L'important est de découvrir à quel point certaines de nos croyances peuvent nous limiter et de trouver l'intention positive qui se cache derrière elles. Ainsi, nous laissons advenir plus de fluidité dans notre vie.

LA PSYCHOLOGIE DE L'ALCHIMIE

Philosophie créée par le psychiatre suisse Carl Gustav Jung, l'alchimisation est une étape fondamentale dans le processus de connaissance de soi et d'évolution. Selon lui, l'une des finalités de l'être humain est sa transformation en un être libre.

À l'origine, l'alchimie trouve ses racines chez Hermès Trismégiste, une divinité gréco-égyptienne dont la quête fut celle de la jeunesse éternelle et de la transformation du plomb en or.

Mais Jung a surtout rencontré la sagesse orientale par l'intermédiaire de Richard Wilhelm (qui a étudié et traduit le Yi Jing). Le sinologue adresse à Jung un texte, « Le Mystère de la Fleur d'Or », et lui demande d'en écrire un commentaire psychologique. Ce commentaire est un traité d'alchimie taoïste qui décrit les quatre étapes d'une « révolution de la lumière », une transformation intérieure menant à une renaissance de l'être, dont la trame centrale est le désir d'évolution personnelle. Pour parvenir à cette fin, une exploration de soi est indispensable, mais aussi la compréhension de chacune des manifestations de l'inconscient grâce à l'analyse des rêves, des symboles, des archétypes et des synchronicités.

Le processus alchimique intérieur est constitué de quatre phases :

- **L'œuvre au noir :** cette étape est une confrontation avec ce que Jung a appelé « l'ombre » (notre ego, nos identifications à ce que nous croyons être, le Je qui brille en société). C'est une période de crise et de grand changement.
- **L'œuvre au blanc :** à ce stade, nous sommes en capacité d'accueillir cette part d'ombre sans la juger. Cette ouverture et cette acceptation vont transformer l'ombre. Un grand nettoyage s'opère. Nous devenons plus tolérants, plus compatissants. Nous percevons le bien et le mal sous un autre angle. Le blanc est la couleur qui synthétise toutes les couleurs, donc tous les potentiels. Le sens de la vie n'est plus le même.

- **L'œuvre au jaune :** c'est le mariage du masculin et du féminin intérieurs, la réunification des contraires, l'unification.
- **L'œuvre au rouge :** nous sommes confrontés à la lumière et à la force. Ce stade correspond à un haut niveau de spiritualité, où figure le sacré. Il s'agit d'une rencontre avec le pouvoir, auquel il ne faut pas s'identifier. Il s'agit de le laisser agir en soi.

Ensuite, le Soi avec un grand S peut s'activer. Il s'agit d'un Je qui n'est plus attaché à ce que nous pensions ou croyions être ; ce Je n'est plus un jeu social auquel il croyait lui-même. Il est devenu un Je authentique, dont les racines plongent au fond de l'âme, dans la lumière intérieure qui rayonne depuis toujours et pour toujours.

À ce stade, ayant fait l'expérience de cette alchimie intérieure (ou initiation), nous donnons un sens nouveau à notre vie, elle ne sera plus motivée par les mêmes choses. Des valeurs d'humanité, de partage, d'altérité et de collaboration prendront place. Les événements ne nous affecteront plus de la même façon, car un recul et un regard nouveau nous permettront de voir les choses avec sagesse. Ainsi se sera jouée la métamorphose de l'âme.

DE L'OMBRE À LA LUMIÈRE

OBJECTIF

Le moment est venu d'identifier les émotions dites négatives qui peuvent vous habiter, et de découvrir les émotions antidotes associées, afin de trouver un bel équilibre émotionnel.

PRATIQUE

En alchimisant vos émotions, vous apprendrez à être dans l'acceptation de vous-même et à laisser de la place à des énergies psychiques constructives. Pour commencer, reliez chaque émotion négative à celle qui vous semble son antidote.

Émotions négatives			Antidote
Colère	O	O	Inspiration
Jalousie	O	O	Envie
Peur	O	O	Confiance en soi
Haine	O	O	Joie
Angoisse	O	O	Amour de soi
Culpabilité	O	O	Liberté
Honte	O	O	Amour
Solitude	O	O	Fierté
Mépris	O	O	Désir

→

› Chaque fois que vous ressentirez une émotion dite négative, prenez le temps de l'accueillir. N'en ayez pas peur. Chacun d'entre nous éprouve des émotions inconfortables, c'est naturel. Tour à tour, dans notre quotidien, en fonction des événements, nous ressentons des émotions positives ou négatives. Apprenez à accepter ce que vous ressentez. Dans cette acceptation, bien souvent, l'émotion baisse en intensité.

› Vous pouvez ensuite faire appel à l'émotion antidote sélectionnée précédemment. Pensez à cette émotion et commencez à la ressentir. Comme on monte le son d'un téléviseur, augmentez lentement le ressenti jusqu'à ce qu'il occupe toute la place dans votre être.

Vous savez à présent transformer votre état intérieur. Vous êtes devenu un apprenti alchimiste des émotions. Bravo !

Chapitre 2

Le monde et ses signes n'attendent que vous !

Un esprit ouvert est la condition *sine qua non* pour entrer dans la ronde des coïncidences et des synchronicités. Sans cette ouverture d'esprit, on ne peut accéder au mystère de l'existence. Avoir un esprit ouvert veut dire être dénué de tout rapport de force avec ce qui va se produire. Certaines personnes attendent que la vie leur fasse vivre des expériences particulières pour commencer à croire. Mais les choses ne fonctionnent pas comme cela. Ce positionnement est dû à un ego fort et à un certain nombre de résistances.

L'émerveillement et la curiosité sont les deux ressources qui facilitent l'ouverture d'esprit. Dans un monde cartésien en perte de sens, qui repose essentiellement sur la vision scientifique, il est difficile d'avoir un esprit ouvert sur l'invisible. Bien des personnes ont des expériences extraordinaires dont elles ne parlent pas, par crainte du jugement ou de la moquerie. Pourtant ce type d'expérience est bien plus répandue qu'on ne le pense et apporte bien souvent des réponses essentielles à l'équilibre de ceux qui en font l'expérience.

Tout prend un sens, ce qui offre bien souvent un sentiment d'apaisement.

N'hésitons pas à nous émerveiller de la beauté qui nous entoure, et soyons curieux des êtres, des lieux et des expériences nouvelles. Les êtres à l'esprit ouvert sont plus tolérants, compréhensifs et humains que les autres. Lâcher prise et s'ouvrir au monde ne peut qu'apporter des qualités essentielles à notre bonheur et à celui des autres.

Oser prendre la vie à bras-le-corps est aussi l'assurance de créer une ouverture et de laisser l'existence nous apporter de belles surprises. Tout élan vers la vie est récompensé, mais il nous faut faire le premier pas. Sans cet élan, sans cette impulsion de notre part, point de réponse. C'est ainsi, comme une règle du jeu.

Un jeu, c'est bien là une clé précieuse. Le jeu, la joie et la confiance peuvent vous aider à impulser un mouvement. La vie, en miroir, répondra ensuite à votre proposition. Alors, osez faire vos demandes, poser des actes nouveaux, créer des choses nouvelles, puis regardez ce qui se passe. Il se passera forcément quelque chose.

Parlez à la vie, et elle vous répondra.

GÉRALDYNE
LA PANTHÈRE

Un jour, j'avais une heure devant moi, et j'ai décidé de faire les boutiques. La magie s'est exprimée dès que je me suis arrêtée devant une vitrine : j'étais fascinée par un body fleuri, attirée par le motif d'une panthère qui se répétait ici et là sur le tissu. J'ai alors ressenti une irrépressible envie d'avoir cette panthère avec moi, comme un puissant totem protecteur.
J'ai acheté le vêtement et, une fois sortie de la boutique, j'ai ressenti une joie indescriptible.
Mais l'aventure ne s'arrête pas là : un soir de fête dans une grande maison luxueuse, j'ai échangé quelques mots avec notre hôte. Me trouvant sympathique, il a décidé de me faire visiter ses appartements. Visite guidée unique et privée absolument merveilleuse dans un manoir de 2 500 m^2. Au détour d'une pièce, à l'étage, quelle ne fut pas ma surprise lorsque j'ai découvert qui m'attendait là : une panthère, empaillée certes et Dieu sait si je n'aime pas cette idée, mais une panthère tout de même ! La rencontre avec le symbole de la panthère, à ce moment inattendu, a été pour moi de la plus haute importance.
Jusqu'à ce jour, la panthère me suit. Elle apparaît à des moments totalement inattendus, et cela produit en moi une joie ineffable.

OSEZ !

OBJECTIF

Pour percevoir les signes que la vie vous envoie, vous devez élargir votre vision. Sortir de vos habitudes va vous y aider. Oser les choses est le meilleur moyen de créer le changement et de faire naître un élan nouveau.

PRATIQUE

Découvrez ce que vous osez déjà faire et ce que vous pourriez faire de nouveau.

	Jamais	Parfois	Souvent	Dès que l'occasion se présente
Rire				
Danser				
Nager tout nu				
Chanter dans la rue				
Dire ce que vous pensez à un ami				
Exprimer votre avis sur un service (au restaurant par exemple)				
Déclarer votre flamme à l'élu(e) de votre cœur				

	Jamais	Parfois	Souvent	Dès que l'occasion se présente
Contacter un(e) ami(e) perdu(e) de vue				
Faire le voyage de vos rêves				
Acheter la robe de vos rêves				

Si vous avez coché une majorité de « parfois », c'est le moment d'oser davantage. Interrogez-vous sur vos éventuels freins intérieurs (peurs, idées fausses...) et extérieurs (ce que les autres pourraient penser de vous, etc.).

Si vous avez coché une majorité de « jamais », il est urgent de sortir de votre zone de confort, de vous offrir une vie dynamique et innovante. N'ayez pas peur, car la vie vous le rendra au centuple.

Oser libère une très belle énergie créative, celle de l'enfant libre qui demeure en vous.

UNE LETTRE À LA VIE

OBJECTIF

Si vous voulez que la vie vous parle, vous devez d'abord lui adresser la parole, car l'existence entre en résonance avec nos souhaits, nos choix et nos positionnements. Vous allez recevoir en fonction de ce que vous demandez et attendez : attention donc aux vœux que vous émettez...

PRATIQUE

Écrivez une jolie lettre à la vie. Remerciez-la pour tout ce que vous avez reçu jusqu'à aujourd'hui, puis adressez-lui vos vœux, et notamment votre désir de dialoguer avec elle à l'aide des signes.

Vous pouvez par exemple compléter la lettre ci-dessous...

Chère Vie,
Je tiens avant tout à te remercier pour tout ce qui m'entoure actuellement dans mon existence..
....

Pour les belles surprises que tu as semées sur mon chemin..
....

Merci pour les beaux cadeaux que j'ai reçus de toi...
....
....

Au fond de mon cœur, j'aspire à dialoguer avec toi et à recevoir les enseignements que tu voudras bien me donner ....

....

Les thèmes qui me sont chers en ce moment, les dimensions que j'aimerais mieux comprendre sont ....

....

LE VIDE NE L'EST PAS...

Nous baignons dans un champ d'énergie dans lequel circulent des milliards d'informations. La fréquence que nous émettons, provenant de notre mental et de nos émotions, nous revient comme un boomerang, tandis que les pensées et les sentiments que nous éprouvons pour autrui l'atteignent sous forme d'énergie. Selon Lynne McTaggart, auteure et journaliste spécialiste en physique quantique, « le cœur de l'univers, ce n'est pas une chose mais une relation ».

Soyez donc attentif à ce que vous pensez de vous, des autres et du monde, car vos pensées se transforment en vagues d'énergie qui irradient tout autour de vous. La répétition de certaines formes de pensées et d'émotions vous cale sur une certaine fréquence.

Cette danse prend appui sur ce que nous appelons le « champ quantique ». La physique quantique explique clairement que nous baignons dans un bain d'énergie où circule une somme de données inimaginable. En fonction de ce qui nous occupe ou nous préoccupe, en fonction de nos croyances, de notre qualité d'être et des informations que nous émettons, nous recevons un certain nombre d'informations auxquelles nous allons être sensibles. Tout autour de nous, un champ d'énergie vibre à des fréquences différentes. Tout cet espace est chargé d'une énergie invisible, mais bel et bien présente.

Nous appartenons au champ subatomique qu'est l'univers, créé par une danse de particules subatomiques. Entre ces particules, des connexions instantanées se produisent.

Fritz-Albert Popp, chercheur allemand en biophysique, a découvert que nous envoyons constamment des informations à travers des émissions de lumière minuscules. Notre cerveau n'est pas dépositaire de nos pensées, mais fonctionne comme un récepteur et un émetteur. Nous transférons donc constamment des informations à l'univers. Tout est lien et rien n'est séparé.

En tenant compte de ceci, nous comprenons mieux pourquoi lorsque nous pensons à une personne, nous recevons son SMS dans les secondes qui suivent, comment certains signes sur une même thématique arrivent jusqu'à nous plusieurs fois dans la même journée, et comment nous pouvons deviner que Martin sera présent à la fête de Jeanne alors qu'il avait dit qu'il serait absent.

Cette perspective nous invite à cesser toute vision séparatiste et matérialiste, et à tenir compte d'un invisible bien plus présent dans notre quotidien qu'on ne pourrait le penser.

DISPONIBLE ET ÉCLAIRÉ

OBJECTIF

Je vous propose de vous connecter véritablement à votre être profond afin de vous rendre disponible aux signes que la vie vous envoie.

PRATIQUE

Cette méditation matinale va vous mettre dans les meilleures dispositions. En l'intégrant dans votre routine quotidienne, vous en ressentirez assez rapidement les effets : un calme intérieur, un sentiment de légèreté, un vécu en conscience et une belle connexion à soi-même.

› Dès le réveil, restez allongé sur le dos. Mettez-vous en condition pour recevoir les précieux cadeaux de la vie.

→

› Prenez quelques respirations profondes.

› À chaque inspire, imaginez que l'air est chargé de paillettes d'or qui vous rechargent en bien-être et en énergie.

› À chaque expire, imaginez que vous laissez partir ce qui n'est pas utile : pensées parasites, émotions encombrantes, tensions corporelles.

› Prenez quelques instants pour observer vos sensations.

› Puis dites-vous que vous allez vivre une belle journée pleine d'enseignements, de surprises et de cadeaux.

› Imaginez ensuite un beau soleil rayonnant au centre de votre poitrine.

› Imaginez que les rayons de ce soleil grandissent et diffusent de la lumière tout autour de vous, et qu'ils illuminent votre journée à venir. Ce soleil émet de l'amour et de la gratitude. Ensoleillez cette journée que vous allez vivre. Faites cette expérience aussi longtemps que vous le souhaitez.

› Prenez de nouveau quelques respirations profondes.

› Vous pouvez à présent vous lever. N'oubliez pas de penser régulièrement à votre soleil intérieur afin de rester centré et connecté à vous-même pour mieux recevoir.

POURQUOI CONCEVOIR VOTRE QUOTIDIEN EN TERMES DE VERTICALITÉ ?

Tout est fréquence, vibration, comme des notes de musique. Pensez à certains lieux, pays ou personnes. Vous évoquent-ils un son, une mélodie ? Sur des notes hautes ou basses ? Votre réponse vous indique si le lieu ou la personne vous connecte ou non à une haute vibration.

Les énergies élevées sont simples à repérer : ce sont celles des lieux où vous vous sentez bien, heureux, joyeux, léger et en harmonie. Faites de même en ce qui concerne les personnes et les activités. Puis, dans l'idéal, réorganisez votre quotidien en privilégiant ce qui vous procure les sensations précédemment citées.

La connaissance des chakras peut vous aider à mieux comprendre et à utiliser cette notion de verticalité. La philosophie hindoue donne le nom de chakras à nos centres énergétiques. Chakra signifie « roue » en sanskrit. On peut en effet se les figurer comme des roues dans lesquelles circule notre énergie subtile, qui véhicule de l'information.

Il existe sept chakras essentiels, qui ont chacun une fonction, et qui correspondent à des états de conscience différents.

- **Le premier chakra,** chakra de base, est situé au niveau du périnée. Il est en lien avec la dimension physique de l'être. Il est le siège des instincts et du sentiment de sécurité. Son élément est la terre. Sa couleur est le rouge.
- **Le second chakra** est situé quelques centimètres sous le nombril. Il est en lien avec notre puissance sexuelle, mais aussi notre créativité. Son élément est l'eau. Sa couleur est l'orange.
- **Le troisième chakra** se situe au niveau du diaphragme. Il est le centre des émotions psychiques. Son élément est le feu. Sa couleur est le jaune.
- **Le quatrième chakra** se situe au centre de la poitrine. Il est le siège de l'amour, quelle que soit sa forme. Son élément est l'air. Sa couleur est le vert ou le rose.
- **Le cinquième chakra** se situe à la base de la gorge. Il est le siège de l'expression et de la communication. Son élément est l'éther. Sa couleur est le bleu ciel.
- **Le sixième chakra** se situe à la base du nez, entre les sourcils. Il est également appelé « troisième œil ». Il est le siège de la clairvoyance, de la connaissance suprasensible. Il représente l'éveil de la conscience. Ici plus d'élément, mais un son intérieur. Sa couleur est le bleu indigo.

- **Le septième chakra** se situe au sommet du crâne. Il est le lotus aux mille pétales et la conscience universelle. Sa couleur est le violet.

En prenant conscience de l'existence de vos centres énergétiques, vous pourrez élever votre conscience.

DE CHAKRA EN CHAKRA

OBJECTIF

La capacité à voir les synchronicités repose en partie sur notre niveau de conscience. Plus notre conscience est élevée, plus nous sommes réceptifs à des informations subtiles. L'arbre des chakras est un très bon support pour découvrir les différentes étapes de la conscience. Il s'agit d'élever son niveau de conscience en s'appuyant sur la signification des chakras.

PRATIQUE

Chaque soir, en fonction du déroulement de votre journée, déterminez votre niveau de conscience. Pour cela, suivez les étapes ci-dessous.

› Réfléchissez à la dominante du jour. Par exemple, peut-être avez-vous eu une journée placée sous le signe de la relation et de la socialisation : vous pouvez alors cocher le 2e chakra

→

(reportez-vous à l'image ci-dessous pour savoir quel chakra cocher).

› Tentez dans les jours qui suivent de passer au niveau supérieur. Si l'on suit le même exemple, il s'agira d'atteindre le 3e chakra, donc d'affirmer votre personnalité et de développer votre détermination dans un domaine de votre choix.

› Ensuite, quand vous vous sentirez prêt à passer au niveau supérieur, vous pourrez vous proposer un nouveau challenge. Toujours dans le même exemple, cela consistera à exprimer plus d'amour et de compassion envers autrui (4e chakra).

› Et ainsi de suite jusqu'à atteindre le 7e chakra.

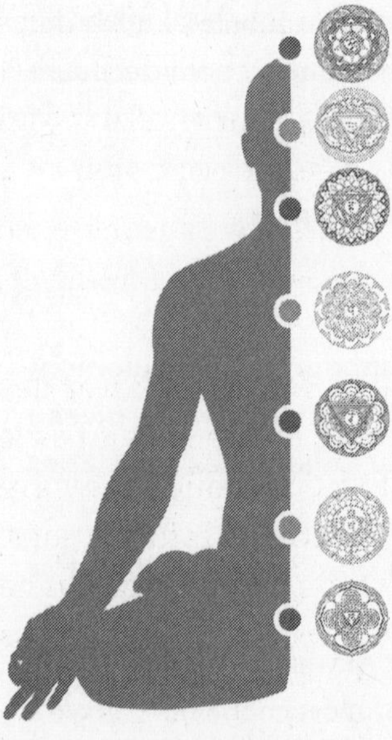

- [ ] 7e chakra - Je SAIS
  Conscience et spiritualité
- [ ] 6e chakra - Lumière - JE VOIS
  Intuition et lucidité
- [ ] 5e chakra - Éther - JE PARLE
  Communication et expression
- [ ] 4e chakra - Air - J'AIME
  Amour et compassion
- [ ] 3e chakra - Feu - JE FAIS
  Personnalité et détermination
- [ ] 2e chakra - Eau - JE RESSENS
  Sensualité et sociabilité
- [ ] 1er chakra - Terre - JE SUIS
  Sécurité

Chapitre 3

Devenez acteur du changement

Noter vos expériences dans un carnet est essentiel. D'une part parce que nous oublions parfois certains détails qui ont leur importance, d'autre part parce que noter vos rêves nocturnes ou vos expériences de synchronicités déclenche le processus de remémoration. Cela signifie que plus on note, plus on fait exister l'expérience, et plus il y a de chances que d'autres expériences se manifestent. C'est une sorte de cercle vertueux, un processus qui facilite ensuite l'accès aux informations.

Poser noir sur blanc ce qui fait votre cohérence est une action qui peut paraître anodine et, pourtant, elle a un effet incontestable.

Chaque jour, votre cerveau doit traiter des milliards d'informations. S'il ne faisait pas le tri, vous deviendriez fou. C'est donc pour votre équilibre que le cerveau filtre les informations. Il détermine ce qui est important et ce qui ne l'est pas en fonction de vos objectifs et de vos souhaits.

Le SAR (système d'activité réticulaire) est le système de filtre de notre cerveau. Selon une étude menée par George Miller* en 1956, qui s'intitule *7 Le chiffre magique*, nous n'aurions conscience que d'environ sept informations par seconde, et notre mémoire à court terme** ne pourrait pas enregistrer plus de sept éléments.

Votre cerveau filtre donc les informations en fonction de vos envies et de vos centres d'intérêts.

À tout moment, vous êtes assailli d'informations : c'est la raison pour laquelle il vous est difficile de rester concentré longtemps sur les mêmes sujets. Noter et relire votre carnet de notes vous permettra de rester concentré sur vos objectifs sans les perdre de vue. Et, en notant, vous faites de la place pour d'autres expériences, vous vous rendez davantage disponible.

* Psychologue américain, professeur de psychologie à l'université de Harvard et Princeton, 1920-2012.

** La mémoire à court terme, ou « empan mnésique », désigne en psychologie le type de mémoire qui permet de retenir et de réutiliser une quantité limitée d'informations pendant un temps relativement court, environ une demi-minute.

CRÉEZ DES SYNCHRONICITÉS

OBJECTIF

Je vous propose d'expérimenter la façon dont vous pouvez activer la chaîne de connexions. Nous sommes tous reliés puisque nous baignons tous dans le même champ d'énergie. Les informations circulent... À vous d'entrer en résonance avec elles en étant porteur de message pour quelqu'un que vous ne connaissez pas.

PRATIQUE

Pratiquez le *bookcrossing* : faites voyager un livre afin qu'il accomplisse sa mission de messager auprès d'un expérimentateur de synchronicités. Le *bookcrossing*, ou livre voyageur, est un phénomène mondial qui consiste à libérer un livre en espérant qu'il soit trouvé par une personne qui le libérera après sa lecture.

› Choisissez un livre que vous souhaitez partager et décidez de l'endroit de sa libération :

- À une terrasse de café.
- Dans le métro.
- Sur un banc public.
- Dans une salle d'attente.
- Au théâtre.
- Au cinéma.
- Au restaurant.

→

› Notez dans le détail ce que vous avez ressenti en libérant le livre.

....

....

....

....

....

ANTHONY HOPKINS, CRÉATEUR DE SYNCHRONICITÉS

En 1973, l'acteur a été engagé pour jouer dans l'adaptation du roman de George Feifer, *The Girl from Petrovka*. Afin de s'imprégner de son personnage, il est parti en quête de l'ouvrage dans les librairies de Londres. En vain, car le livre était introuvable.

Déçu par ce constat, il a décidé de rentrer chez lui, a pris le métro et soudain… qu'a-t-il vu sur un des bancs de la station ? Le livre introuvable !

Mais l'histoire ne s'arrête pas là. Presque un an plus tard, Anthony Hopkins a eu la chance de rencontrer George Feifer en personne. Anthony Hopkins lui a raconté sa jolie aventure. L'auteur s'est alors exclamé que lui-même n'avait plus aucun exemplaire de son propre livre. Il avait prêté son dernier volume à un ami, qui se l'était fait voler dans sa voiture. Anthony a alors sorti son ouvrage de son sac. Bien entendu, George a confirmé qu'il s'agissait bien de l'exemplaire volé : il était rempli des annotations de l'auteur lui-même.

TOUT EST CYCLE

OBJECTIF

Vous vous êtes certainement aperçu que votre capacité à voir les signes n'est pas constante. Certains jours, les coïncidences se produisent, et d'autres jours, tout semble morne. Nous sommes fluctuants pour tout un tas de raisons, mais aussi et surtout parce que nous sommes reliés à notre environnement. Dans la nature, tout est cycle : les cycles lunaires et les saisons nous le démontrent. Nous sommes connectés à ces mouvements de la nature à tel point que nous sommes nous aussi soumis à des transformations cycliques. Je vous propose d'explorer cette dimension afin de respecter votre processus de transformation.

PRATIQUE

Voici la grille de lecture créée par Frederic Hudson, coach et professeur à l'université de Columbia. Il propose de décomposer le cycle du changement en quatre phases, comme le cycle des saisons :

1. Phase de lancement.
2. Phase de désynchronisation.
3. Phase de désengagement.
4. Phase de renouveau.

→

Toute transition est soumise à ce cycle.

Avant de vous situer sur le cercle de Hudson, demandez-vous dans quelle phase vous êtes depuis un mois et décrivez en quelques mots votre ressenti. S'agit-il...

› D'une phase ascendante avec des projets, de l'action et une forte énergie ? ....

› D'une phase stagnante et décevante, dans laquelle rien n'avance comme vous le voudriez ?

› D'une phase descendante avec une perte de motivation, d'énergie ? ....

› D'une phase de renaissance, dans laquelle la vie a de nouveau du sens ? ....

› Vous pouvez à présent vous situer plus facilement sur le cercle de Hudson.

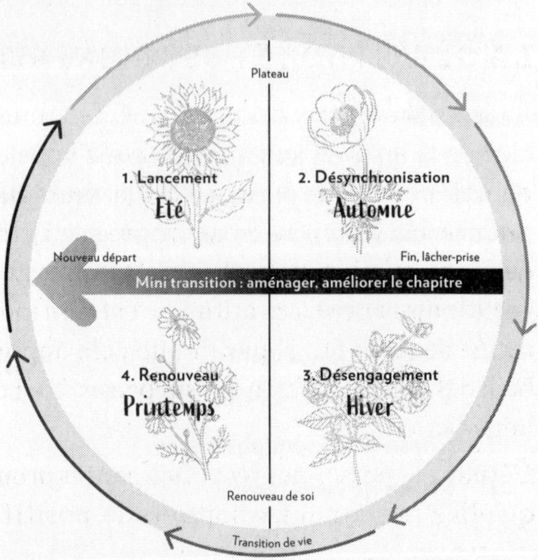

En étant plus attentif à votre rythme, vous serez davantage en capacité d'accepter, certains jours, de vous sentir moins connecté au monde environnant. Il est indispensable d'accepter ces phases de repli, au cours desquelles vous ne vous sentez pas réceptif.

Prenez conscience qu'il se passe pourtant quelque chose durant la phase d'automne ou d'hiver. Une remise à zéro ou bien une gestation d'idée est à l'œuvre. Acceptez ces vagues en vous, qui vous connectent à votre profondeur ou vous poussent vers l'avant. C'est un ressac qu'il faut accueillir. Prendre soin de soi et se respecter passe par la compréhension de ses propres cycles.

LA GRATITUDE ET SES BIENFAITS

La gratitude, c'est dire merci. C'est remercier pour les cadeaux que vos amis vous ont offerts, pour les cadeaux de la vie, mais aussi pour ce que vous n'avez pas encore reçu. Nous avons pour habitude de dire merci après avoir reçu, mais l'art de la gratitude, c'est dire merci avant de recevoir. Il paraît que cela apporte bien des bonheurs, bien des surprises, bien des bénédictions.

L'étude des personnes reconnaissantes prouve qu'elles retiennent volontiers le positif et s'éloignent du négatif. Certainement parce que cette reconnaissance met dans une disposition d'ouverture et d'optimisme. En plus de cela, la gratitude entraîne l'empathie, elle permet de mieux comprendre ce que vivent et ressentent les autres. Elle nous aide à accorder plus d'attention à l'essentiel et à nous détacher du superficiel. Pratiquée quotidiennement, la gratitude est un véritablement entraînement à voir le bon côté des choses. Sur la durée, cet état d'esprit produit des bienfaits physiques et développe une profonde sagesse.

Robert Emmons, professeur de psychologie à l'université de Californie, spécialiste des bienfaits de la gratitude, a prouvé l'importance de ce sentiment sur notre santé. Il a divisé des participants en trois groupes : le premier devait tenir un journal de gratitude, le second un journal des événements négatifs et le troisième un journal tout à fait factuel. Ce sont les membres du groupe de la gratitude qui ont manifesté le plus de joie, d'optimisme, de curiosité, de dynamisme, d'enthousiasme et de force. De plus, ils ont été particulièrement présents auprès des membres des autres équipes, démontrant un esprit d'équipe et une capacité de soutien supérieure à la moyenne. La gratitude motive à faire du bien aux autres.

D'après d'autres études scientifiques, être reconnaissant envers la vie et capable de repérer des moments de bonheur dans une journée prolongerait notre espérance de vie. Le sentiment de gratitude active la région du tronc cérébral, qui produit la dopamine, l'hormone du plaisir, ainsi que la sérotonine, l'hormone de la joie de vivre qui prévient la dépression.

N'hésitez pas à dire « merci » pour ce que vous avez et ce que vous aurez. Il s'agit d'une routine de félicité qui renforce votre confiance en la vie et en l'avenir. Nous n'avons pas tous été éduqués à ce mode de fonctionnement, pourtant nous gagnerions tant à vivre ainsi !

Vous verrez que vous prendrez rapidement goût à la gratitude tant elle est agréable. Vous vous surprendrez à dire « merci » à une amie pour un moment passé, à votre gardien d'immeuble pour son travail bien fait, à vos voisins pour leurs sourires, aux prestataires de services qui facilitent votre quotidien. Vous vous dites peut-être : « Mais je dis déjà “merci” à toutes ces personnes ! » Peut-être vous, mais pas tout le monde, et votre attitude pourra donner envie à quelqu'un d'autre de faire de même. À moins que vous ne le fassiez par automatisme ? Alors vous verrez que dire « merci » en conscience change tout, aussi bien l'énergie que vous diffusez que la réceptivité de la personne que vous remerciez.

Ces instants enrichiront votre quotidien, et vous ne pourrez plus vous en passer. C'est ainsi que nous réenchantons le monde.

LE BOCAL À GRATITUDE

OBJECTIF

Il s'agit de remercier la vie pour mieux recevoir d'elle. On dit qu'éprouver de la gratitude est sain pour le corps et l'esprit. Cette attitude vous placera également dans de bonnes dispositions pour recevoir de la vie.

PRATIQUE

Pour vous aider à exprimer votre gratitude dans tous les aspects de votre vie…

› Choisissez un joli bocal transparent.

› Chaque soir, prenez un temps pour vous afin de faire le point sur les remerciements que vous avez envie d'adresser à la vie.

› Découpez des petits morceaux de papier. Sur chacun d'eux, notez en un ou deux mots le moment de votre journée ou l'événement pour lequel vous éprouvez de la gratitude.

› Placez vos petits papiers du jour dans le bocal.

LA CONFIANCE EST ESSENTIELLE

La confiance ouvre les portes de la réceptivité : si la confiance n'est pas au rendez-vous, vous limitez les chances de recevoir de l'existence. Tant d'informations sont présentes autour de vous, tant de connexions sont opérantes ! En vous ouvrant au monde, vous recevrez des cadeaux inestimables.

L'absence de confiance en soi est un des freins que rencontrent la plupart des gens dans leur quête des synchronicités. Comme ils doutent de leur capacité, ils ont tendance à se donner une obligation de résultat, et s'ils ne voient pas de signes, alors ils se dévaluent et une crispation se fait sentir chaque jour davantage.

Comment inverser le phénomène ? Je vous invite à suivre cette démarche comme un jeu afin d'y mettre plus de légèreté. Il s'agit d'un jeu joyeux et sans conséquence.

N'oubliez pas de commencer petit, comme pour les grands projets. Ne vous mettez pas en quête d'expériences extraordinaires tout de suite, mais plutôt de coïncidences remarquables (au sens où vous les remarquez), mais sans plus. Il vous suffit d'un « waouh ! » d'émerveillement pour être sur le chemin. L'émerveillement est une des clés indispensables à ce travail.

Ne posez pas non plus à la vie des questions trop importantes, n'attendez pas des réponses lourdes de conséquences. Cela entraînerait une crispation de votre part, puis un blocage dans votre expérience. Ne demandez pas non plus à la vie de vous dire si vous devez changer de travail, de pays ou de partenaire, car c'est à vous de le décider. Les réponses sont déjà en vous. Les synchronicités vous indiqueront le chemin, mais elles ne répondront jamais à ces questions, car elles ne sont pas des entités séparées de vous, mais bel et bien le reflet de votre conscience. C'est votre inconscient (au sens de ce qui n'est pas conscient) qui détient les réponses et qui va vous les donner au compte-gouttes, au rythme de votre évolution.

Lâchez prise, respirez, jouez avec les signes que la vie vous envoie... et il est fort probable que quelque chose de magique commence à se produire.

C'est aussi une confiance en la vie qu'il vous faut déployer afin de garantir votre réceptivité aux messages de l'univers. Cette confiance entraîne systématiquement une ouverture au monde. Si vous y ajoutez le fait d'être en paix avec vous-même, ainsi qu'un profond sentiment de gratitude, alors vous êtes dans l'ouverture. Si vous êtes en contact avec qui vous êtes véritablement, si vous vous sentez reliés au monde, si vous faites partie du bal de l'existence, alors les coïncidences se multiplieront. Tout ceci contribuera à votre bonheur. Lorsque vous êtes dans ce cercle vertueux, vous êtes heureux, porté et emporté par ce mouvement ascendant vers le bonheur, vous devenez un véritable aimant : vous attirez à vous les belles choses et les beaux messages.

BRIGITTE

LE SIGNE TANT ATTENDU

Brigitte envisageait de partir au Mexique. Elle n'en avait parlé à aucune de ses amies, car elle n'était pas tout à fait certaine de son choix. Elle avait décidé d'attendre un peu avant de prendre une décision définitive. Qu'attendait-elle ? Un signe du destin ?
Un soir, Brigitte avait rendez-vous avec sa meilleure amie Myriam pour dîner. En retard, son amie avait fini par arriver en s'écroulant sur sa chaise, à bout de souffle, puis elle avait plongé la main dans son sac en disant : « Tu ne devineras jamais ce qui m'est arrivé. Dans les couloirs du métro, une femme s'est adressée à moi et m'a dit : "Tenez, vous avez perdu ça." En fait, je n'avais rien perdu, elle a fait erreur. Ça doit appartenir à une enfant. » Et Myriam avait sorti de son sac un petit personnage de tissu coloré aux grands yeux, avant d'ajouter : « Regarde ! C'est Miguel, le héros de *Coco* ! Tu

→

sais, le dessin animé qui parle du petit Mexicain qui voyage dans l'au-delà. »
C'est à ce moment précis que Brigitte a décidé de partir au Mexique.

FAITES CONFIANCE À L'EXISTENCE

OBJECTIF

Pour recevoir de la vie, il est important de lui faire confiance, mais cette confiance est dépendante de nos croyances. Il est donc intéressant de les identifier, pour pouvoir éventuellement les remettre en question…

PRATIQUE

Voici une série de croyances à propos de la vie. Notez si, selon vous, chacune d'elles est vraie ou fausse.

	Vrai	Faux
On doit toujours payer le prix du bonheur		
La vie veut le meilleur pour nous		
Dans la vie, on ne peut pas tout avoir		
La vie est abondante et généreuse		
On n'a rien sans rien		
Je crois en la vie et en ma destinée		
Tout a un prix, le bonheur se paie		

	Vrai	Faux
On sait ce qu'on perd, mais on ignore ce qu'on gagne		
La vie est dure		
Il faut trimer pour réussir		
Tout est juste dans la vie		
Dans la vie, on n'a pas ce qu'on mérite, mais bien ce que l'on croit mériter !		
La vie est belle, il suffit de savoir le voir		
Tous les éléments sont là pour nous guider		
Les autres sont heureux parce qu'ils sont meilleurs		
Tout est possible		
La vie est un cadeau magnifique		

Si vous avez une majorité de réponses positives aux croyances qui se trouvent dans des lignes grises, alors vous allez devoir transformer ces pensées, car elles vous maintiennent dans certaines difficultés. En entretenant ces croyances, vous limitez votre épanouissement.

Si vous avez une majorité de réponses positives aux phrases de couleur blanche, vous avez une relation à la vie qui ne peut que vous aider et vous porter. Vous faites confiance à l'existence et vous pouvez donc lui demander de vous indiquer le chemin à prendre.

LAISSEZ PARLER VOTRE INTUITION !

Indépendante de la raison, c'est une certitude, une conviction, une évidence qui peut prendre diverses formes et se manifester au travers de divers canaux sensoriels. Les artistes parlent d'inspiration, les scientifiques de fulgurance : il s'agit de l'intuition.

Étymologiquement, « intuition » vient du latin *intuitio*, qui signifie « image réfléchie dans un miroir », mot lui-même composé de *in*, « en », et *tueri*, qui veut dire « regarder attentivement ». *Intueri* désigne donc l'acte de regarder attentivement à l'intérieur de soi.

L'intuition est une compréhension directe et spontanée que nous apprenons à décoder avec le temps. La perception des synchronicités passe par la dimension intuitive et non analytique. Y être sensible demande d'être connecté à un mode de fonctionnement subtil. Tout comme accueillir les synchronicités nous rend plus intuitifs. Il s'agit là d'un cercle vertueux au sein duquel l'intuition sera nécessaire, tandis que la lecture des signes viendra développer l'intuition.

Nous avons tous de l'intuition. Nous avons tous en nous une petite voix qui murmure des informations, mais nous ne lui accordons pas assez d'attention. Cependant, elle veut se faire entendre. Pour l'écouter, il faut avant tout se faire confiance. Combien de fois nous nous sommes écriés : « ah, j'en étais sûr(e) ! », « je le savais », « je ne sais pas pourquoi, je sentais que ça allait arriver ».

Les informations provenant de l'intuition se manifestent sous forme de sensations, de pensées, d'images internes, ou encore par les rêves et les synchronicités. Selon notre sensibilité et notre mode de fonctionnement, notre petite voix s'exprimera différemment. Nous sommes comme un poste de radio recevant une grande quantité d'informations. Il nous suffit de nous caler sur la bonne fréquence pour les recevoir sans difficulté.

S'autoriser à être intuitif participe au réenchantement de notre vie : nous nous sentons à la fois connectés à nous-mêmes et au monde. Écouter notre intuition permet de faire des choix plus rapidement et de gagner du temps. Nous sommes plus facilement au bon endroit au bon moment.

Tout comme il existe plusieurs sortes d'intelligences, il existe plusieurs sortes d'intuitions. Certains parlent d'intelligence intuitive. L'intuition allant de pair avec notre perception du monde, nous aurons des sensibilités différentes dans nos sensations.

Certains d'entre nous auront davantage d'intuitions à propos d'événements négatifs, d'autres seront plus sensibles au positif. Certains percevront des informations sous forme d'images mentales. D'autres recevront des renseignements sur un mode auditif (leur petite voix, ou entendre le bon mot au bon moment et en comprendre le sens). Le « clair-savoir » est aussi une forme d'intuition, il s'agit de la capacité à connaître instantanément ce qui est juste ; ou bien d'avoir la sensation de « déjà savoir ».

Et, bien entendu, il y a la capacité à voir et à interpréter les signes qui se manifestent dans le quotidien.

Totalement spontanée, l'intuition ne répond pas au mode de fonctionnement de l'inconscient, mais il s'agit d'un accès direct à une information. Pour Bruce Kasanoff, qui écrit dans le magazine économique américain *Forbes*[*], l'intuition est la forme la plus haute d'intelligence. Pour souligner ce point de vue, l'article ne manque pas de mentionner Gerd Gigerenzer, célèbre psychologue allemand qui prône l'intuition comme appui pour faire les bons choix. Il aime à rappeler ceci : « Il fut un temps où on pensait

* Article du 21 février 2017.

que les anges et les êtres spirituels avaient des intuitions d'une clarté impeccable. »*

Alors, redevenons des anges de l'intuition !

LIBÉREZ VOTRE MAISON POUR VOUS LIBÉRER

Pour laisser entrer la magie dans votre vie, il est indispensable de lui faire de la place. Si vous êtes encombré de pensées, de personnes parasites ou de nombreux objets, alors l'énergie créative, l'énergie de vie aura du mal à circuler.

Alors éliminez...

- Les objets que vous n'utilisez plus.
- Les vêtements que vous n'aimez plus ou ceux qui sont abîmés.
- Les vêtements que vous n'avez pas portés depuis un an.
- Les objets cassés, fêlés, abîmés.
- Les vieilles cartes et notes.
- Les plantes mortes ou malades.
- Les vieux journaux et magazines.
- Tous les objets qui rappellent le passé.
- Ceux que vous gardez « au cas où... ».
- Les objets que vous gardez par devoir.

---

* *Le Génie de l'intuition*, Gerd Gigerenzer, Pocket, 2011.

Vous vous sentirez mieux si vous...

- Luttez contre l'accumulation.
- Les obligations qui vous emprisonnent.
- Les « il faut » et les « je dois » qui limitent.
- Les relations qui vous pèsent.
- Les engagements dans lesquels vous ne vous reconnaissez plus.

De la cave au grenier, les accumulations deviennent surcharge...

- Libérez l'entrée, car les objets limitent le flux vital.
- Dégagez le sol, afin de ne pas être tiré vers le bas.
- Évacuez les hauteurs, afin qu'elles ne pèsent plus.
- Libérez le dessous de votre lit pour un meilleur sommeil.

Faites tout ceci pour que...

- Votre santé s'améliore.
- Votre créativité s'épanouisse.
- Vos relations deviennent saines.
- Votre réflexion soit claire.
- Votre humour se développe.
- Vos émotions soient légères.

Chapitre 4

Vous et les autres

Pour recevoir des synchronicités, il vous faut être ouvert et disponible, car parfois ce sont les autres, ceux avec qui vous êtes en contact, qui sont porteurs de messages.

Il ne peut y avoir de synchronicités sans interactions avec le monde ou votre environnement, ni sans relations avec autrui.

Les messages peuvent arriver jusqu'à vous par le biais de parfaits inconnus ou de vos proches : une personne avec qui vous échangez à la station de bus, des voisins de table au restaurant ou une amie au détour d'une conversation. Les êtres que vous côtoyez peuvent être des messagers sans le savoir. Portés par leur intuition, réceptifs à vos demandes inconscientes, ils vont peut-être soudain prononcer une phrase clé, un mot déclencheur de compréhension pour vous. Un « eurêka » se manifestera au plus profond de vous, et soudain tout sera clair. Vous serez ému par ce petit miracle, car les synchronicités sont toujours accompagnées d'une émotion. La personne avec qui vous conversiez ne se doutera pas à quel point elle vient de créer en vous un feu d'artifice dans lequel, soudain, tout prendra sens.

C'est à ce moment-là que l'on peut avoir le cœur plein de gratitude pour cet agencement du destin, à moins qu'il ne s'agisse d'une décision de nos inconscients avec la participation de l'univers.

N'oublions pas que les synchronicités parlent toujours de nous sur un mode symbolique, qu'elles sont liées à notre évolution sur le chemin de la conscience.

La vie nous tend en permanence un miroir qui nous permet, si l'on sait voir, de prendre conscience de là où nous en sommes dans la connaissance de nous-mêmes. C'est avant tout avec la vie que nous sommes en relation, et la clé consiste à accepter de voir ce qu'elle nous montre. Il n'y a aucun risque, n'ayez crainte, la vie est bienveillante : vous ne verrez que ce que vous êtes prêt à accueillir.

Il est important de ne pas oublier que pratiquer la lecture des synchronicités n'est pas un support de voyance, mais un processus d'observation de sa propre conscience, qui révèle des informations à propos de son inconscient et de son Soi (le Je éveillé).

GÉRALDYNE

ACCEPTER DE RECEVOIR

J'étais en Allemagne avec mon mari, et nous étions en retard à un concert de musique classique. Il nous fallait trouver une place de parking et aller jusqu'à l'horodateur, prendre le ticket et le ramener à la voiture. Cela allait nous prendre du temps et nous risquions de nous retrouver devant les portes closes de la salle de concert. Nous étions cependant disposés à prendre le risque quand, soudain, surgit de nulle part un couple dans une voiture, qui avait programmé un stationnement de longue durée. Ils devaient quitter l'endroit pour une urgence sans gravité. Ils nous ont donné leur ticket afin que nous puissions profiter de leur place de parking et des heures disponibles. Je suis restée figée, le ticket à la main, abasourdie par la coïncidence. Mon mari a sauté sur l'occasion et a garé la voiture. Nous sommes arrivés dans les temps pour notre concert.

VIVE LES RELATIONS ÉPANOUISSANTES !

OBJECTIF

Toujours dans l'idée d'alléger votre vie, voici une occasion de vous interroger sur les personnes de votre entourage proche ou lointain. Vous allez mettre à jour votre cercle relationnel, composé de toutes les personnes que vous côtoyez régulièrement ou qui comptent pour vous.

PRATIQUE

Dans la bulle ci-dessous, positionnez toutes les personnes de votre entourage en utilisant des petits symboles qui les représentent. Placez-les plus ou moins près de vous suivant l'intensité et la qualité de la relation que vous entretenez avec elles. Vous pouvez faire appel à votre créativité et utiliser des symboles différents.

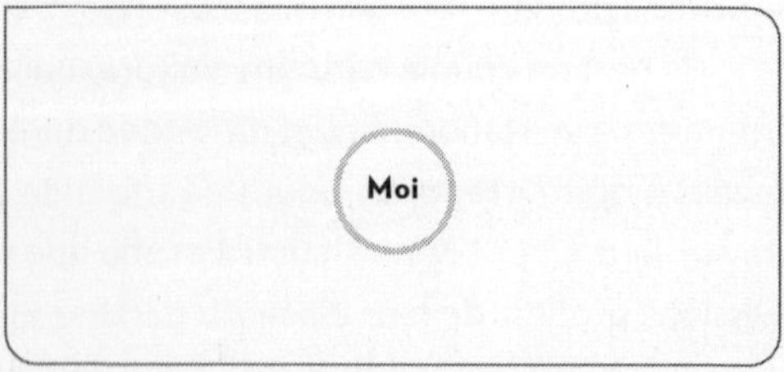

› Prenez à présent le temps d'observer. Peut-être réalisez-vous que certaines personnes sont trop proches de vous, alors que vos relations ne sont pas si enrichissantes que cela humainement. Ou bien que d'autres sont éloignées, alors que vous les aimez beaucoup.

› C'est l'occasion d'opérer des changements : vous allez vous promettre de moins voir, ou de ne plus fréquenter, les personnes qui ne contribuent pas à votre épanouissement. Vous pouvez également envoyer un gentil message à ceux que vous aimez et leur proposer de se voir dès que possible.

› Vous pouvez maintenant représenter dans le schéma ci-dessous votre cercle relationnel idéal, celui qui correspondrait à vos besoins et non à vos obligations.

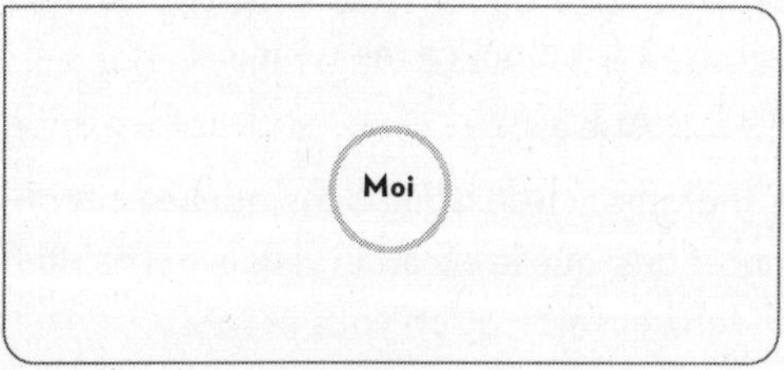

OUI, MERCI !

OBJECTIF

Je vous propose de mettre le doigt sur toutes les fois où vous vous refusez à recevoir ce qu'on vous offre, par réflexe, par éducation, par manque d'amour pour vous-même. Ceci afin de transformer votre mode de réaction et de vous ouvrir à plus d'abondance.

PRATIQUE

Surveillez votre langage et découvrez ce qui vous reste à modifier pour recevoir davantage de la vie.

› Sur une durée d'une semaine, indiquez toutes les fois où vous refusez ce que la vie vous donne. Notez dans chaque case le nombre de fois où vous avez refusé de l'aide. Vous avez dit…

→

❒...... « Non, sans façon. »

❒...... « Je vais me débrouiller tout(e) seul(e). »

❒...... « Non, vraiment, merci. »

❒...... « Oh, mais il ne fallait pas ! »

❒...... « Oh non, ça me gêne... »

❒...... Autres : ....

› Indiquez ci-dessous dans quelles circonstances ou à quelle occasion vous avez l'habitude de refuser l'aide qu'on vous propose. ....

....

› Interrogez-vous sur l'origine de ces habitudes. À votre avis, proviennent-elles...

❒ De votre éducation ?

❒ Du modèle parental ?

❒ D'une absence de confiance en soi ?

❒ De la peur de prendre trop de place ?

❒ De la crainte de devoir rendre la pareille ?

❒ Autres : ....

Il est temps à présent de passer à l'étape de la transformation... Acceptez l'aide qu'on vous propose ! Dites : « Bien volontiers, merci ! », « Que c'est gentil de m'offrir ton aide ! », « Un grand merci ! », « J'accepte avec plaisir », « Je suis heureux/se de recevoir ton aide ».

› Indiquez ci-dessous les changements que vous pensez pouvoir réaliser dans ce domaine.

....

LES TRANSMISSIONS TRANSGÉNÉRATIONNELLES

Lorsque l'ouverture aux autres est difficile ou quand le simple fait de recevoir est un problème, alors nous devons chercher loin dans notre vécu. Et il faut parfois remonter très loin, dans celui de nos ancêtres, pour comprendre.

La vie de nos aïeux a conditionné leurs convictions, et ils nous les ont transmises de génération en génération. Mémoires, secrets, dettes, non-dits, règles de loyauté et blessures sont les bagages légués à travers le temps.

C'est ainsi que, dans cet immense inconscient familial, des données circulent depuis des siècles jusqu'à nous. La légende transgénérationnelle peut aussi bien nous porter qu'être un poids pour une vie entière.

Ces croyances et ces convictions colorent notre vision du monde, qui elle-même influence nos choix. Nous sommes comme programmés et prisonniers du passé de nos parents.

En 1913, dans *Totem et Tabou*, Freud écrivait : « Nous postulons l'existence d'une âme collective et la possibilité qu'un sentiment se transmettrait de génération en génération se rattachant à une faute dont les hommes n'ont plus conscience ni le moindre souvenir. » La même année, Jung développait le concept d'une « transmission héréditaire de la capacité d'évoquer tel ou tel élément du patrimoine représentatif ».

Les études en épigénétique (science qui étudie l'influence de l'environnement sur l'expression des gènes) réalisées au cours de ces dernières années mettent en évidence les phénomènes de transmission et expliquent les fonctionnements répétitifs sur plusieurs générations. Nous savons aujourd'hui qu'un stress important, ou traumatisme, s'inscrit dans la mémoire corporelle et se transmet. Des observations ont par exemple été faites sur des souris. Des chercheurs ont prouvé que des souris soumises à un stress, notamment un courant électrique envoyé sur une patte, associé à une odeur spécifique, transmettaient cette mémoire à leurs petits, puis sur les deux générations suivantes. Les chercheurs ont observé que les descendants de ces souris exprimaient eux aussi un stress important lorsqu'ils étaient soumis au même type d'odeur*.

La transmission transgénérationnelle ne fait plus aucun doute. Il est temps d'en prendre conscience et d'apprendre à s'en libérer, afin

* *Cahier de psychologie clinique*, n° 43, « Le transgénérationnel », éd. de Boeck, 2014.

de devenir plus réceptif aux messages de la vie. C'est également un beau cadeau pour les générations futures, car ce qui est compris au cours d'une génération n'a plus besoin d'être transmis.

HARO SUR LES CROYANCES FAMILIALES !

OBJECTIF

Il s'agit ici de découvrir l'origine de nos croyances au sujet de la vie.

PRATIQUE

Répondez aux questions ci-dessous.

› Que pense votre père au sujet de la vie ?

....

› Que pense votre mère au sujet de la vie ?

....

› Que pense votre frère et/ou votre sœur au sujet de la vie ? ....

....

› Que pensent (aient) votre grand-père et votre grand-mère paternels ? ....

....

› Que pensent (aient) votre grand-père et votre grand-mère maternels ? ....

....

› Et vous, que pensez-vous de la vie ? ....

....

→

Passez maintenant à la phase d'analyse et de transformation.

› À votre avis, votre conviction est-elle appropriée ? Vous facilite-t-elle la vie ?.................

....

› Si oui, gardez-la précieusement. Sinon, transformez-la.

- Si vous décidez d'abandonner ou de transformer votre croyance, remerciez-la, car elle vous a sûrement aidé pendant une période de votre vie.
- Dites-lui au revoir, car vous êtes prêt à présent à penser différemment. Notez la phrase sur une feuille, puis brûlez-la.
- Notez ici la nouvelle croyance qui va vous accompagner à présent. ....
  ....
- Réjouissez-vous. Organisez une fête : honorez l'événement d'une façon ou d'une autre, à votre manière. Les jours importants doivent toujours être fêtés.

LES RENCONTRES SYNCHRONISTIQUES

Les rencontres sont rarement dues au hasard. À moins de considérer que le hasard est un élément magique, créateur de chaos ou réunificateur, qui sait très bien ce qu'il fait.

Certains individus ne font que passer dans nos vies sans laisser de traces : aussitôt rencontrés, aussitôt oubliés. D'autres sont une tempête qui nous secoue si fort que ces turbulences nous obligent à porter un autre regard sur le monde et sur nous-mêmes. Ces rencontres sont des activatrices de changements ou des révélatrices de talents. Elles sont des agents d'évolution puissants nous menant vers notre propre transformation.

Les rencontres synchronistiques, comme les signes, arrivent au bon moment et sont porteuses d'enseignements. Il peut s'agir de la rencontre fortuite d'une personne que vous n'attendiez pas à un endroit donné, des retrouvailles avec un ami d'enfance, de l'enseignement bouleversant d'un mentor. Ces expériences surviennent comme par magie à un moment inattendu. Mais, en y réfléchissant, elles sont toujours porteuses de sens.

La rencontre synchronistique n'est pas forcément un rendez-vous avec un individu. Elle peut aussi bien prendre la forme d'une rencontre avec un animal, un lieu, un art, un artiste, un pays, une œuvre. Ce qui fait toute la différence, c'est l'ouverture que ces rencontres entraînent en nous. Nous faisons la connaissance de ces êtres à des moments spécifiques de notre existence. À des moments où nous ne demandons qu'à évoluer. Nous n'en sommes pas toujours conscients, mais tout en nous aspire alors à autre chose, que ce soit dans notre vie professionnelle, amoureuse ou artistique.

Ces rencontres sont toujours bouleversantes et changent bien souvent notre vie ou notre regard sur le monde. Elles sont des instants magiques où soudain la lumière est plus intense, où nous avons l'impression de toucher la vérité de la vie. C'est comme le ciel qui se déchire et nous fait découvrir la Voie lactée. Il y a du mystère dans ces instants que nous n'oublierons jamais.

Toutes les rencontres qui nous interpellent sont porteuses de messages. Le messager n'en a pas toujours conscience, mais sa présence, ses paroles ou ses propos nous révèlent quelque chose d'essentiel à cet instant de notre existence. Leur rencontre est toujours un tournant dans notre vie.

ÉLARGISSEZ LE CERCLE

OBJECTIF

Après avoir mis de l'ordre dans vos relations, il est temps d'élargir le cercle afin de permettre les rencontres synchronistiques, ces rencontres porteuses d'enseignements ou de messages.

PRATIQUE

Sur le schéma ci-dessous, notez à côté de chaque point une des personnes avec qui vous êtes en lien.

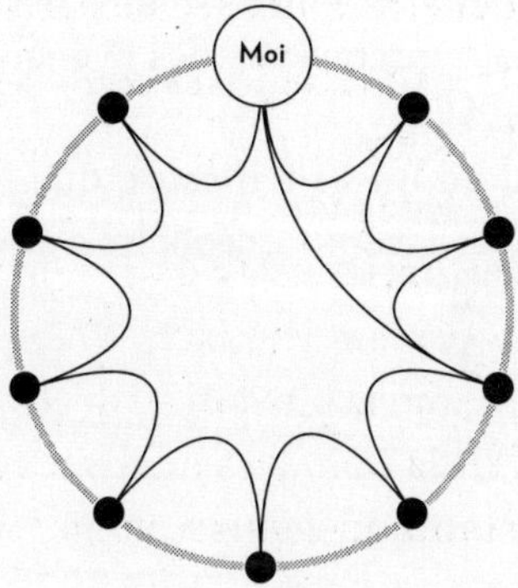

› Imaginez que vous pourriez rencontrer six amis de vos amis. Vous pourrez ainsi élargir votre cercle relationnel et nouer des relations avec des personnes qui ont des centres d'intérêts proches des vôtres.

› Faites appel à votre créativité pour imaginer comment vous pourriez élargir votre cercle relationnel, établir de nouvelles connexions et ainsi entrer en relation avec des personnes qui vous semblent pour l'instant inaccessibles.
Par exemple :

- En acceptant immédiatement l'invitation d'un ami à une soirée qu'il organise.

→

- En acceptant sans hésiter les invitations de mariage ou d'anniversaire.
- En participant à une activité collective (cette activité doit être régulière afin de vous laisser le temps de nouer des amitiés).
- En vous inscrivant à des événements de networking.

› Notez, au fur et à mesure que les idées viennent, les actions susceptibles d'élargir votre cercle.

....

....

....

....

....

....

....

....

LA THÉORIE DES SIX DEGRÉS DE CONNEXION

Il y a des siècles, notre monde s'arrêtait à notre village. Il y a encore quarante ans, pour ceux qui ont grandi dans un environnement urbain, le monde s'arrêtait à leur quartier, au mieux à leur ville. Puis les déplacements en voiture et en train sont devenus monnaie courante, les vols low cost ont fait leur apparition : le monde est devenu à portée de main. Pendant ce temps, Internet a émergé dans nos quotidiens, les possibilités de connexion se sont développées à grande vitesse, rendant de plus en plus simples les contacts sur la planète. Nous sommes maintenant nombreux dans un monde qui nous semble de plus en plus petit.

En 1995, le film *Six degrés de séparation* mettait en scène Will Smith, un jeune homme qui se faisait passer pour une connaissance des enfants d'un riche marchand d'art.

Également appelée « théorie des six poignées de main », la théorie des six degrés de connexion a été établie en 1929 par l'écrivain et journaliste hongrois Frigyes Karinthy. Selon cette théorie, toute personne sur le globe serait reliée à n'importe quelle autre par un réseau de connexions constitué seulement de six personnes. Cette théorie, jamais considérée comme scientifiquement valable, a été reprise en 1967 par le psychologue social américain Stanley Milgram à travers l'étude du petit monde (ou paradoxe de Milgram). Elle est aujourd'hui étudiée sous forme mathématique dans le domaine des réseaux sociaux.

Mais notre cybermodernité est en train de modifier cette théorie. En effet, l'augmentation des usagers de Facebook a rétréci le monde, ramenant les « six degrés de connexion » à 4,74 en moyenne à la fin de 2011. Les six degrés faisaient sens dans les années 1920, mais par l'action des réseaux sociaux, nous vivons dans un monde qui peut paraître encore plus petit. Ce qui est confirmé par un nouveau degré de 3,5 en 2019.

Cette évolution rapide des possibilités de connexion facilite les rencontres synchronistiques, celles qui font sens pour nous.

3

ENTREZ DANS LA DANSE ET DEVENEZ MAGICIEN

Les synchronicités sont le reflet d'une partie de notre conscience. Le dedans et le dehors sont liés : en fonction de notre évolution intérieure ou de notre questionnement, nous allons être amenés à voir certaines informations plus que d'autres. Nous baignons dans un champ d'informations et, en fonction de nos centres d'intérêts, nous allons percevoir davantage certains signes. Ces centres d'intérêts ne sont pas forcément conscients, ils peuvent même être totalement inconscients, mais notre esprit n'en demeure pas moins lié à ce processus.

La vie nous tend un miroir, et c'est à nous de regarder le reflet, tout en restant conscients pour ne pas nous y perdre. Notre conscience se reflète dans le miroir, et c'est même la seule façon que nous ayons de la voir. C'est la raison pour laquelle nous avons besoin des signes de la vie : ils nous informent sur l'endroit où nous sommes, nous indiquent la direction à prendre et nous donnent des indications sur ce à quoi nous sommes actuellement connectés.

Dans cette troisième partie, vous allez entrer de plain-pied dans la danse avec la vie. Vous lui adresserez une intention et elle vous répondra. Il faudra ensuite que vous fassiez quelque chose de ces réponses : prendre des décisions, faire des choix, suivre un chemin... Vous allez ainsi vivre une magnifique cocréation. Ce dialogue avec la vie est à prendre comme un jeu. Parfois, vous aurez l'impression de tout comprendre, de tout décoder, que tout est limpide, et à d'autres moments vous aurez le sentiment que la vie est un grand mystère insondable, un labyrinthe.

Les deux sont vrais, et c'est ce qui rend le jeu si savoureux.

Devenir magicien ne signifie pas se transformer en super-héros, mais maîtriser avec humilité l'art du discernement et de la bonne décision. Malheureusement, tout pouvoir et toute connaissance peuvent être détournés au profit de l'ego. L'histoire ne parle que de cela depuis des siècles.

C'est la raison pour laquelle une transmission ne peut se faire en dépit du bon sens, mais en faisant patienter celui ou celle qui demande à être initié. Le savoir est précieux, mais il représente aussi une forme de pouvoir, lequel peut servir le pire comme le meilleur.

Ici, nous vous proposons l'hypothèse selon laquelle la vie elle-même est notre initiatrice. Chaque expérience majeure ou mineure nous permet d'en savoir davantage sur nous-mêmes, nous oblige à lâcher prise, à accepter ce que nous ne pouvons changer et à activer notre libre arbitre.

Pour recevoir de la vie, nous devons faire de la place à l'intérieur de nous : calmer le mental, trouver un certain bien-être, être à l'écoute. Mais nous devons aussi adopter une posture d'humilité.

Bref, la sagesse est de mise si nous voulons danser avec la vie et recevoir d'elle. Imaginez dans quel monde nous pourrions vivre si chacun d'entre nous avait trouvé une sagesse mêlée de confiance, de patience et d'humilité...

Et si c'était le monde de demain ? Un monde où nous aurions tous compris que nous ne pouvons plus continuer à vivre dans une société basée sur l'avoir et l'ego. Un monde de bienveillance, de respect et d'écoute, où l'être est la valeur première.

À quoi voit-on que nous sommes en présence d'un magicien ? Pas à ses pouvoirs, mais à sa qualité d'être. Cette personne ne vous dira jamais qu'elle est magicienne de la vie. Vous le découvrirez simplement à ses côtés : vous serez témoin de coïncidences inouïes. Vous sentirez sa paix intérieure et sa confiance en l'avenir. À son contact, vous voudrez être comme elle.

Avec de la persévérance, vous pouvez devenir magicien de votre vie pour votre plus grand bonheur.

Chapitre 1

Cultivez les émotions positives et l'amour

La fonction des émotions, positives ou négatives, est de nous mettre en mouvement, qu'il s'agisse d'un mouvement interne (réflexions, questionnements) ou externe (aller quelque part, parler à un ami, mettre en place un changement concret).

Accorder plus de place aux émotions positives nous permet de nous brancher sur de bonnes fréquences, celles qui vibrent plus haut, et de nous connecter à des informations de même calibre. Ainsi sommes nous plus réceptifs aux messages, qui nous parviennent alors de façon claire et directe.

LA MAGIE DES ÉMOTIONS POSITIVES

Mais avant d'en arriver à cette étape, il est nécessaire de faire un travail d'introspection. Tout d'abord, nous devons prendre conscience de la nature des émotions qui s'imposent au quotidien. Puis remarquer s'il s'agit d'émotions négatives (on les reconnaît au fait qu'elles sont inconfortables). Si c'est le cas, nous-mêmes devrons plonger encore plus en profondeur en nous afin de comprendre ce que ces émotions disent de nous et le message qu'elles ont à nous délivrer : limites non respectées par autrui ? Frustrations ? Mode de vie qui ne nous convient plus ? Relations toxiques ?

Il est impératif de mettre en place des changements dans notre existence afin de retrouver un confort au quotidien.

Ensuite, les émotions dites positives pourront prendre place et nous apporter leur cortège de bienfaits.

Martin Seligman, chercheur en psychologie, décrit trois principales voies vers le bonheur :

- Une vie plaisante (émotions positives).
- Une vie engagée.
- Une vie pleine de sens.

Les gens dotés d'une intelligence émotionnelle vont, bien entendu, avoir plus de facilités à laisser place aux émotions positives. Ils ont la capacité de reconnaître leurs émotions, mais aussi de prendre en compte les émotions des autres. Ces individus ont une capacité à créer et à maintenir des relations harmonieuses avec les autres. L'intelligence émotionnelle comprend la perception des émotions, leur utilisation pour mieux raisonner, leur compréhension et leur gestion.

Indéniablement, le bien-être favorise la réceptivité aux synchronicités. Nous n'avons pas la même disponibilité lorsque nous sommes contrariés, tristes ou en colère que lorsque nous sommes heureux et joyeux. Les émotions positives nous font surfer sur la vague du bonheur et nous rendent ouverts à notre environnement. Dans cette ouverture, nous sommes réceptifs aux signes et aux synchronicités.

LES SUPERPOUVOIRS DES ÉMOTIONS

OBJECTIF

Vous allez découvrir quelles sont les émotions positives qui reviennent le plus souvent dans votre vie et celles auxquelles vous pourriez accorder plus de place.

PRATIQUE

Entourez en rouge les émotions positives que vous ressentez le plus souvent, puis en bleu celles qui devraient faire partie plus régulièrement de votre vie.

→

Joie Gratitude **Curiosité**

Reconnaissance Sérénité Amour

Amusement **Fierté** Inspiration

Rêverie Enthousiasme **Force**

Espoir **Désir** Légèreté

Notez ensuite, pour chaque domaine de vie, les émotions que vous souhaiteriez ressentir plus souvent.

› **Dans ma vie amoureuse,** voici les sentiments que j'aimerais éprouver plus souvent :

....

› **Dans ma vie professionnelle,** voici les sentiments que j'aimerais éprouver plus souvent :

....

› **Dans ma vie familiale,** voici les sentiments que j'aimerais éprouver plus souvent :

....

› **Dans ma vie créative,** voici les sentiments que j'aimerais éprouver plus souvent :

....

› **Dans ma vie amicale,** voici les sentiments que j'aimerais éprouver plus souvent :

....

L'AMOUR DE SOI

La séparation entre notre monde intérieur et le monde extérieur est illusoire, et seule notre vision dualiste nous empêche de nous en apercevoir. C'est la raison pour laquelle notre amour de nous-mêmes est un des piliers pour établir une relation saine avec la vie. L'amour de soi est un cocktail d'autocompassion, de bienveillance et d'acceptation de soi. Tout l'art consiste à maîtriser au quotidien ces qualités, afin d'entretenir une relation de qualité avec soi-même.

Or on ne nous a pas appris à nous aimer, mais à nous faire aimer. Et cela fait vraiment toute la différence. S'aimer n'est pas un acte égoïste où nous ne tiendrions plus compte de notre entourage. Bien au contraire, rétablir une relation de bientraitance avec soi-même permet par la suite une meilleure disponibilité pour autrui.

Cependant, cette posture intérieure, cette philosophie de vie, ne nous a pas été enseignée. Combien de fois nos parents, de peur que nous ne devenions des adultes autocentrés, nous ont dit « ne sois pas égoïste ». Au fil du temps, nous avons intégré que les valeurs d'altruisme et de gentillesse n'étaient pas compatibles avec l'amour de soi.

Et, pourtant, si nous ne prenons pas soin de nous, si nous nous oublions dans le sauvetage, si nous passons notre temps à nous sacrifier ou à nous culpabiliser, alors nous détériorons notre estime de nous-mêmes.

Bien se traiter, c'est reconnaître notre dimension sacrée d'être humain, c'est mettre en place une relation de douceur et de reconnaissance. Les frustrations diminuent ainsi automatiquement au profit d'une paix intérieure durable.

Certains pourraient penser que l'amour de soi est un parcours individualiste, mais c'est en réalité un chemin de connaissance de soi qui nous permet de rencontrer notre beauté, notre lumière et notre divinité. S'aimer, c'est rendre hommage à notre humanité. Cela ne peut que nous rendre meilleurs.

Une fois que la paix intérieure a pris place dans notre cœur, alors nous sommes davantage dans l'accueil et réceptifs aux messages de l'univers.

Il est temps d'aimer tout en vous ! Aimez vos défauts comme vos qualités, pardonnez-vous, aimez vos regrets, votre tristesse, votre culpabilité, vos excès, vos imperfections, votre apparence. Aimez toutes les dimensions en vous, votre caractère passionné, votre fainéantise, votre côté gagnant tout comme votre côté défaitiste. Nous sommes faits de paradoxes, alors vous pouvez tout aimer en vous ; tout et son contraire, votre ombre comme votre lumière.

AMOUR DE SOI, DES AUTRES ET DU MONDE

OBJECTIF

Il s'agit ici de maîtriser l'art de l'amour de soi afin de mieux aimer les autres et le monde. Car l'amour de soi permet une réelle qualité de présence aux autres. Bien se traiter, c'est participer à la beauté du monde.

PRATIQUE

Répondez aux questions proposées ci-dessous.

Amour de soi

› Prenez-vous soin de vous chaque jour ?

❐ oui ❐ non

› Êtes-vous à l'écoute de vos besoins, de vos envies, de vos désirs ?

❐ oui ❐ non

› Dialoguez-vous en douceur avec vous-même ?

❐ oui ❐ non

› Vous traitez-vous comme votre meilleur(e) ami(e) ?

❐ oui ❐ non

› Vous est-il possible de ne pas vous juger, et encore moins de vous critiquer ?

❐ oui ❐ non

→

Amour de l'autre

› Accordez-vous de l'attention au bien-être des personnes de votre entourage ?

❒ oui ❒ non

› Savez-vous être à l'écoute de l'autre ?

❒ oui ❒ non

› Dialoguez-vous avec lui en douceur ?

❒ oui ❒ non

› Vous est-il possible de ne pas juger les autres et encore moins de les critiquer ?

❒ oui ❒ non

Amour du monde

› Portez-vous attention à notre monde, à la planète ?

❒ oui ❒ non

› Savez-vous être à l'écoute de la planète ?

❒ oui ❒ non

› Dialoguez-vous en douceur avec la nature ?

❒ oui ❒ non

› Vous est-il possible de ne pas juger des cultures différentes et encore moins de les critiquer ?

❒ oui ❒ non

Si vous répondez positivement à moins de deux propositions dans chaque catégorie, il est temps de prendre soin de vous. N'hésitez pas, vous y avez droit ! Il ne s'agit pas d'être égoïste mais d'honorer la belle personne que vous êtes. Nous sommes tous des potentiels de beauté, d'amour et de générosité. Pour faire éclore ce potentiel, il est indispensable de commencer par être doux et bienveillant avec soi-même.

Autorisez-vous à être votre meilleur ami.

Une des questions clés à vous poser est : « Dans cette circonstance, que me dirait, ou me conseillerait, mon/ma meilleur(e) ami(e) ? » Vous remarquez une chose bien étrange : votre meilleur(e) ami(e) est bien plus tolérant(e) et compréhensif/ve que vous.

S'aimer participe à la beauté du monde, car quand nous sommes en harmonie avec nous-mêmes, nous sommes davantage disponibles pour les autres. Notre paix intérieure est perceptible par les autres et leur fait du bien.

TOUT EST VIBRATION

L'état d'esprit dans lequel nous vivons, les émotions ou pensées que nous entretenons sont autant d'informations que nous envoyons au monde sans le savoir. Comme les vagues de l'océan, comme l'écho en montagne, tout nous revient. La majorité de ce qui entre dans notre vie ne serait donc que l'expression matérielle de convictions entretenues par notre esprit.

Emmet Fox résume ce concept par le terme « équivalence mentale » : nos concepts mentaux et nos croyances seraient, en partie, responsables de ce qui nous arrive. Comme le soutenait le Dr Wayne Dyer, tout repose sur nos intentions. En fonction de nos désirs et de l'intention que nous ressentons au plus profond de nous, la vie entre en résonance et nous apporte des expériences en adéquation.

Tout est vibrations, nous sommes vibrations et nous baignons dans un champ vibratoire appelé « matrice » par certains chercheurs. Ce champ est constitué d'une énergie différente de ce que nous connaissons, appelée « énergie subtile » : « elle semble plutôt être une toile tissée serré qui constitue le tissu de la création »*.

Cette matrice contient l'univers, elle est un pont entre notre monde intérieur et notre monde extérieur, et elle est le miroir où se reflètent nos pensées, nos sentiments, nos émotions et nos croyances. S'ajoutent à cela d'autres dimensions, et non des moindres : son omniprésence et son infinité. La matrice serait apparue au cours de la création, c'est-à-dire au moment du big bang, et serait dotée d'une intelligence, car elle réagit à l'émotion humaine.

---

* *La Divine Matrice*, Gregg Braden, éditions Ariane, 2007.

Appelé « esprit de la nature » ou « hologramme quantique », ce champ d'énergie et de vibrations est partout, de l'oiseau dans le ciel à l'espace qui nous sépare (ou plutôt qui nous relie) vous et moi à cet instant où vous lisez ces lignes. C'est l'espace lui-même.

Nous sommes au cœur d'un champ vibratoire qui nous rattache au monde. Nous recevons et émettons des données qui se déplacent dans cette matrice, ce qui explique pourquoi vous pouvez envoyer spontanément un message à un ami qui vient de penser à vous, ou qu'il vous arrive d'entendre une musique pour que, quelques minutes plus tard, votre partenaire vous parle de cette même chanson qu'il ou elle a entendue dans un film la veille.

Nous ne sommes donc pas des observateurs du monde, mais bien des acteurs et des cocréateurs. Ce qui signifie qu'en changeant notre façon de penser et d'agir, nous pouvons influencer l'évolution de nos petits groupes, de nos tribus comme j'aime les appeler, mais aussi rejoindre des mouvements de pensée et d'action humanistes.

La célèbre phrase de Gandhi, « vous devez être le changement que vous voulez voir dans ce monde », prend soudain toute sa dimension.

Nous détenons un pouvoir inestimable et puissant : celui d'agir sur la matière et de créer un monde meilleur.

Alors, faisons en sorte de vibrer de notre plus belle énergie afin d'entrer en écho avec des vibrations similaires. Ainsi, le cœur s'ouvre à la vie, et la vie lui répond.

FRANÇOISE
LA POMME DE PIN

C'est un après-midi d'été. Françoise est en vacances sur l'île de Ré. Ce jour-là, elle se promène tranquillement et son esprit vagabonde. Durant sa marche, Françoise pense notamment à l'importance de demander à l'univers pour recevoir. Elle se dit qu'elle ne demande pas assez et qu'elle devrait se l'autoriser davantage. Elle passe devant un arbre immense, dont les branches viennent faire de l'ombre sur la route. Cet arbre est inaccessible aux passants, car il pousse dans une propriété privée.

Au moment où Françoise passe devant l'arbre, émerveillée par sa majesté, une énorme pomme de pin tombe à ses pieds. Très émue, Françoise se penche pour ramasser le fruit. Elle a bien conscience à cet instant qu'il s'agit d'une synchronicité importante pour elle. Elle ne manque pas de remercier l'arbre et l'univers d'avoir répondu à sa demande.

Pleine de gratitude, Françoise reprend sa marche, confortée dans l'idée qu'il est indispensable qu'elle demande pour recevoir, et que la vie fera le reste.

ACCUEILLEZ LES BÉNÉDICTIONS

OBJECTIF

Je vous invite à compter vos bénédictions, c'est-à-dire toutes les fois où vous avez été en contact avec la beauté de la vie, où vous avez vibré, où vous avez senti à quel point de petits miracles du quotidien peuvent rendre notre vie merveilleuse.

PRATIQUE

En plus des signes et coïncidences, notez dans votre cahier à synchronicités les bénédictions de chaque jour. Décrivez…

- L'événement.
- L'émotion qu'il a fait naître chez vous.
- Ce que cela vous enseigne. Par exemple :
  - La vie est belle.
  - La beauté est partout pour qui sait la voir.
  - Nous baignons dans un champ d'amour.
  - La vie vaut la joie d'être vécue.
  - Le bonheur est parfois caché derrière des petites choses.
  - Un sourire est le plus beau des cadeaux.

→

- Un rayon de soleil, et notre vie soudain est plus belle.

❯ Ressentez de la gratitude pour ces instants.

❯ Remerciez-vous d'avoir su les voir et les accueillir dans leur beauté.

ENTREZ EN RELATION AVEC LA VIE

OBJECTIF

Si nous sommes réellement en connexion avec la vie, alors nous nous sentons reliés aux autres et au monde. Cet état d'esprit permet de sentir que l'on fait partie d'un tout, du vivant.

PRATIQUE

Suivez les étapes dans l'ordre proposé. Pour plus de facilité, vous pouvez enregistrer cette méditation, puis écouter ensuite l'enregistrement.

❯ Prenez un temps pour vous dans un endroit calme.

❯ Les yeux fermés, concentrez-vous sur votre respiration.

❯ Laissez passer les pensées sans les suivre.

❯ Une fois le calme mental atteint, effectuez la visualisation suivante : imaginez que vous êtes un joli soleil. Vous êtes le centre de ce soleil, et vos rayons se connectent à vos proches, à vos amis, à vos connaissances… Imaginez ensuite que d'autres rayons sont en lien avec des pays étrangers, des gens étrangers, des terres lointaines, des paysages inconnus. Poussez votre imagination aussi loin que possible : jusqu'à la lune, les étoiles et l'univers.

› Prenez tout votre temps pour sentir les bienfaits de cette expérience.

› Quand vous en ressentez le besoin, respirez profondément puis rouvrez les yeux.

› Revenez à la réalité et complétez le schéma ci-dessous… Au bout de chaque rayon, notez le nom des êtres, des objets, des pays, des planètes auxquels vous vous êtes senti connecté durant la méditation.

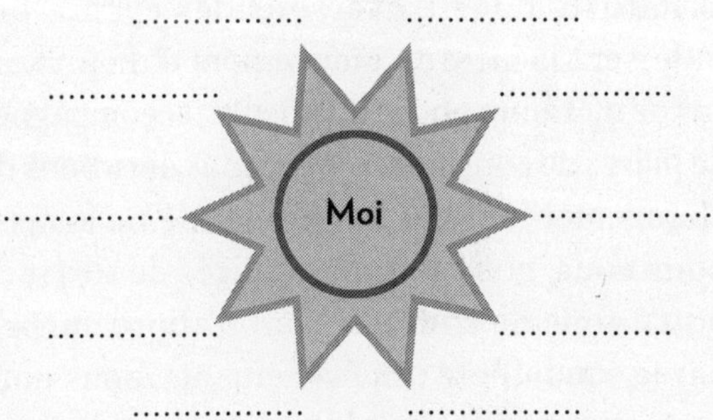

Chapitre 2

Acceptez la transformation

Il suffit de contempler la nature pour comprendre que tout est cycle et mouvement : la danse des planètes, les changements de saison, l'alternance du jour et de la nuit, le cycle des marées et de la lune...

Le mouvement de la vie nous amène à vivre des périodes de transformation. Tout comme la nature, nous traversons des cycles, qui induisent la mise en mouvement d'un processus de métamorphose intérieure, accompagnée de prises de conscience. Que nous décidions du changement ou que la vie elle-même le fasse pour nous, nous sommes obligés de sortir de notre zone de confort. Tout d'abord surpris par la soudaineté des événements, nous nous sentons ensuite pleins de gratitude, car le changement nous réveille et nous permet de nous mettre en route et d'apprendre davantage sur nous-mêmes et sur la vie.

Lutter contre le changement et la transformation qu'il opère ne fait que renforcer les difficultés. Tout comme un barrage qu'on érige, notre résistance intensifie la force de vie qui grandit, comme l'eau qui s'accumule. Nous avons tout à gagner à accepter le phénomène et à ouvrir la porte qui laissera enfin les informations circuler. Tout se fera alors en facilité et en fluidité.

DE LA ROUTINE NAÎT LE CHAOS

Nous traversons parfois des périodes de stagnation : la routine s'installe, tout ce qui nous arrive n'est qu'une répétition de la veille, rien ne semble changer et nous nous sentons tourner en rond. Jean-Francois Vézina, psychologue canadien, dit que le chaos est comme un bâillement qui survient lorsque rien ne se passe dans notre existence. Ce bâillement déclenche une fracture et brise le cercle de la routine. La nouveauté peut enfin apparaître et la transformation commencer.

Les synchronicités se manifestent avec plus d'intensité quand nous sommes en phase de transition. Elles viennent nous interpeller de façon imprévisible. Elles sont l'inattendu, au sens de ce qui n'est pas attendu, qui surprend, qui bouscule. Les synchronicités se manifestent afin que nous soyons disponibles à des informations subtiles nécessaires à des prises de conscience essentielles.

Mais ne nous y trompons pas : ce ne sont pas les synchronicités qui créent le changement. Il serait bien maladroit d'attribuer au monde extérieur le pouvoir de notre évolution. C'est l'inverse qui se produit. Un processus de transformation est déjà à l'œuvre sans que nous en ayons conscience. Et c'est notre inconscient qui attire notre attention par une succession de hasards, de coïncidences, de rencontres, de rêves et de signes. Un fort désir est caché au plus profond de nous : un désir de transformation, de réalisation, de création, d'évolution. C'est notre inconscient qui va l'aider à se réaliser et, pour ce faire, il va user de subterfuges étonnants. Il va tenter de nous déstabiliser, et l'inconfort ainsi créé va nous amener à nous poser des questions inédites. Si nous sommes souples, en capacité de les accueillir, alors le processus pourra s'opérer avec facilité. Mais si nous résistons, si notre ego veut prendre le contrôle, alors le chemin de transformation sera long. Le changement est comme une vague, si nous résistons en faisant front, elle nous emporte. Mais si nous profitons de sa force, alors nous pouvons surfer en son sommet et nous laisser porter vers la destination qui est la nôtre.

YAEL

LE BADGE DISPARU

Comme chaque matin, je badge. Après avoir parcouru vingt mètres, j'arrive à mon bureau et, en posant mon sac, j'entends quelque chose tomber mais je ne vois rien au sol. Quelques minutes plus tard, je m'aperçois que mon badge a disparu, il me permet d'aller et venir sur mon lieu de travail et également de me déplacer dans les locaux.

Je remue ciel et terre, je fais appel à mes collègues, mais après plusieurs minutes de recherche, nous sommes forcés de constater que le badge a totalement disparu.

Le soir même, alors que je confie à une collègue la détestable atmosphère au bureau, elle me parle d'une offre d'emploi susceptible de m'intéresser. C'est mon petit miracle du jour. Je postule immédiatement et, en un rien de temps, je suis recrutée.

Bien entendu, le fameux badge est réapparu comme par magie après ma décision d'envoyer ma candidature pour ce nouveau poste. Il s'était logé, je ne sais comment, dans un recoin inattendu où seule une main surhumaine aurait pu, semble-t-il, le placer.

OSEZ SORTIR DE VOTRE ZONE DE CONFORT

OBJECTIF

Pour que la vie nous surprenne agréablement, nous devons apprendre à sortir du connu. C'est une des conditions pour évoluer. Élargir notre vision, notre conscience et recevoir le meilleur sont des étapes indispensables pour élargir le champ d'expérience. Je vous propose donc de sortir de vos habitudes et de votre zone de confort afin qu'adviennent les surprises de la vie.

PRATIQUE

Notez ci-dessous les idées qui vous viennent… Quelles nouveautés pourriez-vous introduire dans les différents domaines de votre vie ?

Clé n° 1

Si vous alliez là où vous n'êtes jamais allé…

› Dans le domaine amoureux ....

....

› Dans le domaine professionnel ....

....

› Dans le domaine amical ....

....

› Dans le domaine créatif ....

....

Clé n° 2

Si vous faisiez ce que vous n'avez jamais osé faire…

› Dans le domaine amoureux ....
....

› Dans le domaine professionnel ....
....

› Dans le domaine amical ....
....

› Dans le domaine créatif ....
....

Clé n° 3

Si vous parliez à ceux que vous n'avez jamais abordés…

› Dans le domaine amoureux ....
....

› Dans le domaine professionnel ....
....

› Dans le domaine amical ....
....

› Dans le domaine créatif ....
....

Clé n° 4

Si vous osiez regarder vraiment (les autres, les lieux, vous-même)…

› Dans le domaine amoureux ....
....

› Dans le domaine professionnel ....
....

→

› Dans le domaine amical ....
....

› Dans le domaine créatif ....
....

Clé n° 5

Si vous choisissiez au lieu de vous laisser choisir…

› Dans le domaine amoureux ....
....

› Dans le domaine professionnel ....
....

› Dans le domaine amical ....
....

En l'espace de quelques jours, mettez en œuvre les idées que vous avez listées. Restez toujours attentif à votre ressenti lorsque vous réalisez chacune d'elles.

ACCUEILLEZ LE CHAOS

OBJECTIF

Le chaos est un élément perturbateur, dans le sens où il vient briser nos habitudes, nous bousculer, nous sortir de notre zone de confort. Face à la tempête, nous avons tous tendance à nous arc-bouter pour résister. Or il ne s'agit pas d'affronter le chaos, mais d'accepter son mouvement furieux pour mieux l'accompagner.

PRATIQUE

Voici des pistes d'action utiles si vous traversez une période tumultueuse. Tentez de les appliquer chaque jour jusqu'au retour au calme.

› Accueillez les événements

Même si c'est difficile, même si la situation réveille de fortes émotions comme la tristesse ou la colère, tentez tout de même de dire à la vie un « oui » ferme et déterminé. En disant « oui », vous créez autour de vous un mouvement énergétique, vous stoppez les résistances et vous gagnez du temps sur votre capacité à traverser cette situation. L'acceptation est la posture des sages de ce monde !

› Accueillez les émotions

Ne luttez pas, sans quoi votre vécu de la situation va empirer. Au contraire, développez intérieurement un sentiment d'accueil. Pour vous aider :

- Isolez-vous.
- Respirez profondément.
- Visualisez la situation et ouvrez les bras comme si vous lâchiez un gros ballon. Laissez partir la charge émotionnelle. Pleurez si vous en éprouvez le besoin. C'est bon signe : cela signifie que votre énergie se remet en mouvement, et le mouvement c'est la vie !

→

› Gardez espoir

Pensez à toutes les fois où vous avez cru la bataille perdue et où quelque chose d'inattendu s'est produit, une rencontre, un message, une rentrée d'argent, une idée géniale. Gravez dans votre mémoire les rebondissements positifs de votre vie, dignes des romans, et gardez espoir. Le chaos intérieur annonce toujours une renaissance.

LA BAGUETTE MAGIQUE

Dans le langage courant, « d'un coup de baguette magique » signifie « comme par enchantement ». La baguette magique est un objet de pouvoir utilisé par les magiciens, les magiciennes, les sorciers, les sorcières et les fées pour transmettre de l'énergie ou lancer un sort.

Dans la saga d'Harry Potter, chaque baguette est unique, et c'est elle qui choisit son sorcier (même si parfois elle change d'avis, surtout la baguette de l'immortalité).

Du point de vue symbolique, comme le bâton, la baguette représente la puissance et la clairvoyance venues de Dieu ou des forces célestes. Sans baguette, le magicien ne peut tracer sur le sol le fameux cercle protecteur qui lui permet d'invoquer les esprits.

Autrefois, la baguette de sourcier servait à découvrir les sources, mais aussi les gisements de minerais. Le caducée, symbole de la médecine, n'est autre qu'une baguette magique composée d'une verge autour de laquelle s'enroulent deux serpents. C'est aussi une baguette qu'Apollon promit à Hermès en échange d'une lyre. Chez les Celtes, la baguette magique est un symbole fort de pouvoir druidique.

La baguette, qui symbolise le pouvoir créateur, vous invite à accorder plus d'importance à la magie et à être conscient de votre capacité à la laisser entrer dans votre vie. Comme tout pouvoir, il doit être utilisé avec respect, car il peut être manipulé pour le meilleur comme pour le pire. C'est la raison pour laquelle la baguette magique ne revient traditionnellement qu'à celui ou celle qui a suivi une initiation et obtenu son pouvoir par l'enseignement d'un maître. Ce maître aura veillé à transmettre à son novice ce que sont le bien et le mal, la tentation du pouvoir, les pièges de l'ego et le tourbillon des émotions. Il aura enseigné l'art de la compassion, de la générosité, de l'engagement pour le bien de tous, et ce n'est qu'une fois ces qualités comprises et intégrées profondément que l'apprenti pourra hériter du pouvoir créateur symbolisé par la baguette magique.

Imaginez donc que vous possédez cette baguette, que vous maîtrisez votre pouvoir créateur avec un cœur pur, donc avec une intention claire, non égoïste, non égotique et généreuse.

FÉE SYNCHRONICITÉ, MONTRE-TOI !

OBJECTIF

Tout comme les Muses, certaines dimensions peuvent être appelées afin qu'elles participent à notre réalisation. Vous pouvez donc vous autoriser à invoquer la fée synchronicité afin de déclencher certains phénomènes synchronistiques.

PRATIQUE

L'exercice proposé ici est plus de l'ordre du rituel que de la réalité, mais nous avons parfois besoin de ce genre de petits coups de pouce pour lancer un processus d'expérimentation et d'exploration.

› Dans un endroit calme, fermez les yeux et concentrez-vous sur votre respiration.

› Laissez passer les pensées comme des nuages dans le ciel.

› Concentrez-vous sur votre inspire et votre expire.

› Remarquez comme votre mental se calme.

› Sentez comme c'est apaisant.

❯ Laissez de la place à ce bien-être.

❯ Imaginez une fée, une muse, un personnage magnifique qui représente le monde des synchronicités.

❯ Prenez votre temps pour l'imaginer ou bien, si cette image apparaît spontanément dans votre esprit, prenez le temps de la découvrir (la couleur de sa robe, de ses cheveux, les traits de son visage, éventuellement le son de sa voix...).

❯ Utilisez l'espace ci-après pour représenter l'être qui vous est apparu. Vous n'avez pas besoin d'être doué pour le dessin, ne vous mettez surtout pas de pression à ce sujet. Ici, tout doit être fluide et facile. Cette étape est nécessaire pour ancrer votre expérience dans la réalité. Si besoin, vous pouvez vous mettre en quête d'une représentation de votre fée synchronicité, sous la forme d'un dessin, d'une peinture ou d'une photo. Vous pourrez alors la disposer dans cet espace.

Je dessine ma fée synchronicité.

Chapitre 3

Au-delà du réel

Maîtriser l'art de déclencher et de lire les synchronicités, c'est entrer en dialogue avec des dimensions plus abstraites de la vie. En effet, notre esprit cartésien et notre société très « cerveau gauche » ne nous facilitent pas certaines ouvertures et connexions. La science tend pourtant aujourd'hui à prouver qu'il existe d'autres dimensions que celles perçues avec nos cinq sens. La perception des autres mondes commence d'ailleurs avec le sixième.

On sait à présent, grâce aux découvertes en physique quantique, que l'esprit peut influencer la matière, qu'un esprit peut communiquer avec un autre, que notre conscience ne se loge pas dans notre cerveau (conscience intuitive extraneuronale), que l'espace-temps est flexible et que le futur influence notre présent.

Si nous sommes réceptifs à cette fenêtre sur le monde, alors nous nous autorisons à vivre des états paroxystiques. Ainsi, nous « surfons » sur une vague de hautes vibrations qui facilitent l'accès à des informations subtiles. Mihaly Csikszentmihalyi parle de « flux » *(flow)* ou d'expérience optimale, au cours de laquelle on ne fait plus qu'un avec l'expérimentation. Cette implication totale nous met dans un certain état de conscience qui nous rend accessible le langage subtil de l'univers.

Ainsi, nous nous rapprochons du mur de lumière évoqué par Régis Dutheil, professeur de physique et de biophysique*. Pour nous permettre d'appréhender certaines notions de mécanique quantique, le professeur nous invite à penser qu'un mur de lumière se trouve dans notre environnement, là, à côté de nous. Si nous le franchissons, nous accédons à un autre univers, un autre espace-temps.

Pour nous représenter cette autre dimension, il nous propose d'imaginer que notre univers est une autoroute où la vitesse est limitée à 130 km/h (qui symbolise la vitesse de la lumière), puis d'imaginer que nous sortons de cette autoroute pour en emprunter une autre où la vitesse n'est plus limitée, où nous pouvons monter à 200 km/h, puis 300 km/h, et ainsi de suite sans aucune limitation. La seule interdiction sera de redescendre en dessous de 130 km/h. Pour le professeur, l'univers super-lumineux, c'est de la vitesse illimitée et infinie.

---

* *L'Homme superlumineux*, Pr R. Dutheil et B. Dutheil, éditions Sand, 2012.

À ce stade, notre perception du temps n'est plus la même. Les événements ne se confondent plus avec le temps, mais avec l'espace. Dans cet univers superlumineux, le vécu et l'espace sont confondus. À ce stade, même le concept de vitesse n'a plus de sens. Dans cette instantanéité du vécu, les notions de passé, de présent et de futur disparaissent. La causalité est alors une apparence. Or souvenez-vous, les synchronicités sont acausales et soumises à une autre temporalité que la nôtre.

On peut en conclure que la danse des synchronicités se fait de l'autre côté du mur de lumière et que, en fonction de notre état élargi de conscience, nous les percevons... ou non ! Dans notre monde sous-lumineux, il y a le temps, l'ordre, les causes et les effets ; dans le monde superlumineux, il n'y a pas de temps, il y a du désordre et de l'a-causalité, c'est-à-dire une absence de causes.

Le professeur Dutheil nous le confirme ainsi : « L'univers superlumineux doit être régi par des lois de cet ordre dont nous percevons de temps à autre l'émergence dans notre vie quotidienne sous-lumineuse sans en comprendre la signification réelle. »

LES DIFFÉRENTS TYPES DE RÊVES

Il existe plusieurs types de rêves, qui correspondent certainement aux différents états de conscience que nous traversons dans notre vie.

- **Les rêves de nettoyage** nous permettent d'intégrer durant la nuit les apprentissages du jour. Grâce à eux, un tri s'effectue entre ce qui est important ou non. Ils nous permettent de garder les acquis en mémoire.
- **Les rêves psychologiques** expriment nos désirs refoulés, nos phrases non dites et nos émotions inconscientes.
- **Les rêves prémonitoires** nous révèlent l'avenir, ou tout du moins une des voies possibles. Ils nous indiquent le chemin à suivre ou à éviter.
- **Les rêves messagers** nous donnent des informations sur le processus de transformation que nous vivons. Ce type de rêves est souvent assez beau, riche en symboles ou en vécus initiatiques (comme par exemple un dialogue avec un ou une sage, une conversation télépathique avec un animal ou une plante, une promenade dans un lieu spirituel : sommet d'une montagne, temple égyptien, grec ou asiatique, palais de cristal, etc.).

Vous familiariser avec le travail sur les rêves vous permettra d'activer davantage l'hémisphère cérébral droit, lieu de la créativité, des rêves, de la poésie, de l'imagination et de l'inconscient. La vie et votre conscience supérieure vous parlent aussi bien par les rêves qu'au travers des synchronicités. Porter attention à vos rêves est une façon d'apprendre à entrer en relation avec votre monde intérieur. Le type de rêves le plus important en ce qui concerne la réceptivité des synchronicités est le rêve messager. Tout comme les états modifiés de conscience, ce type de rêve est une porte d'accès à des informations subtiles riches de sens, d'enseignements et de réponses pour vous. Il est un véritable processus initiatique à lui tout seul.

LE MONDE DES RÊVES

OBJECTIF

Être à l'écoute de ses rêves est une des voies d'exploration et de connaissance de soi. Les rêves nous donnent des informations pour nous positionner sur notre chemin d'évolution. Le travail sur les rêves peut être une véritable quête initiatique, tant ils nous apprennent sur nous-mêmes. Les rêves sont porteurs de messages, sachez les écouter.

PRATIQUE

Il est important de se souvenir de ses rêves, et pour ce faire, vous allez devoir déclencher consciemment un travail de mémorisation. Certaines pratiques favorisent le travail sur les rêves, comme par exemple la méditation, le yoga et l'expérimentation des états modifiés de conscience.

Pour accéder à vos rêves, commencez par suivre les étapes décrites ci-dessous.

› Préparez-vous au sommeil…
- Évitez l'utilisation de Smartphone ou de tablette avant de dormir.
- Demandez à l'inconscient de se souvenir de vos rêves et remerciez-le par avance. Si vous avez un désir d'informations particulier, utilisez la phrase suivante : « Très cher moi-même, je te remercie pour les informations que tu vas me donner à propos de… » Si vous n'avez pas de demande particulière, utilisez la phrase suivante : « Très cher moi-même, je te remercie pour les informations que tu accepteras de me donner. »

› Au réveil : si vous avez rêvé, prenez des notes immédiatement, pendant que votre mémoire est encore fraîche. Si vous attendez le petit déjeuner, certains détails risquent de vous échapper, vous pourriez perdre une partie de votre rêve.

→

› Apprenez à décoder vos rêves et à comprendre leur signification sans faire appel aux dictionnaires disponibles sur le marché. Chaque individu est unique et dispose d'un langage symbolique qui lui appartient. Apprendre à décoder ses rêves est un excellent entraînement pour comprendre les synchronicités. Si vous souhaitez en savoir davantage, tournez-vous vers le psychiatre Carl Jung, qui parle d'inconscient collectif et de l'importance des symboles universels.

LE SYMBOLE

L'étymologie du mot « symbole » est une bonne entrée en matière pour comprendre. *Sym-bolon* est un terme composé de *syn*, « avec », et de *ballein*, qui signifie « jeter ». Il s'agit donc de « jeter ensemble ».

Il ne faut pas confondre le symbole avec le signe, lequel est purement factuel et n'a qu'une seule signification. Le symbole, lui, possède toujours plusieurs sens. Jamais totalement compris ou élucidé, il peut être porteur d'une compréhension profonde (consciente ou inconsciente) pour l'individu, laquelle « résonne » fortement avec lui. Il représente la synthèse d'une dimension consciente mais limitée et d'une dimension inconsciente plus large et porteuse d'informations primordiales à l'ouverture de conscience. Le symbole ne parle pas à notre intellect, ou très peu, mais davantage à ce qui nous transcende. Carl Gustav Jung avait pour habitude de dire qu'il y a le symbole « vivant », c'est-à-dire à forte signification, et le symbole « mort », qui n'a qu'une valeur historique.

Ce qui rend le symbole fort et vivant, c'est le regard de l'observateur. C'est lui qui va conférer sa puissance au symbole. En fonction de notre état de conscience, nous faisons l'expérience d'un rapprochement avec le symbole, qui sera plus ou moins actif et déclencheur de transformations ou de prises de conscience. Un objet peut être symbole pour une personne et rester un simple objet pour une autre. Le symbole a pour fonction d'évoquer immédiatement quelque chose à l'observateur. C'est une clé de sagesse qui permet de vivre en conscience et avec respect cette aventure du symbole, de garder une certaine « fraîcheur », d'esprit et de cœur, et de ne surtout pas intellectualiser ce qui relève du vécu de l'âme.

LE MOT MAGIQUE

OBJECTIF

Demandez à l'univers des coïncidences qui se produisent sous la forme d'un mot. Dans sa répétition, ce mot va déclencher chez vous un état particulier qui peut décupler le phénomène. Plongez dans cette expérience et découvrez le message qui, peut-être, est en lien avec le sens de votre vie ou du chemin que vous devez prendre.

PRATIQUE

Entourez les propositions au fur et à mesure de l'expérience. Celle-ci peut s'étaler sur plusieurs jours.

› Par quel biais le mot porteur de message se manifeste-t-il ?

- Radio
- Télévision
- Internet
- Couvertures de magazines ou livres
- Panneaux publicitaires
- Sur un véhicule
- Graffitis sur un mur ou au sol
- Logo sur un tee-shirt
- Discussion que vous avez surprise entre deux personnes

› Quel mot se répète ? Est-ce…

- Un nom propre ?
- Un objet ?
- Un lieu ?
- Un concept ?
- Une ville ?
- Un pays ?

› Écrivez le mot ici : ....

Notez ici vos hypothèses concernant sa signification, pour vous, dans votre vie : ....
....
....

QUAND LES ANIMAUX PARLENT…

OBJECTIF

L'apparition inattendue d'un animal est toujours un moment fort et porteur de sens, surtout dans notre monde moderne et très urbanisé. L'animal totem est d'ailleurs un des sujets phares du chamanisme. Il s'agit ici de découvrir si un animal ponctue votre vie et ce que cela peut signifier pour vous. Sa manifestation physique ou symbolique n'est jamais anodine.

PRATIQUE

Suivez les propositions ci-dessous afin de prendre conscience de la présence d'un animal dans votre vie et du message dont il peut être porteur.

→

› Dans quel domaine de votre vie les animaux sont-ils présents ?

- ❐ En rêve
- ❐ Lors de vos séjours dans la nature
- ❐ Dans votre vie quotidienne
- ❐ En dehors de chez vous
- ❐ Toujours chez vous
- ❐ Autres : ....

› Parmi les animaux, réels ou imaginaires, ci-dessous, cochez celui ou ceux qui apparaissent le plus souvent dans votre vie. Vous pouvez également indiquer le nombre d'apparitions.

☐..........

☐..........

☐..........

☐..........

☐..........

☐..........

☐..........

☐..........

☐..........

☐..........

› Vous savez maintenant quel animal sort du lot et vous apparaît le plus souvent. Adressez-lui une demande, car il est certainement près de vous pour vous protéger autant que pour vous transmettre des messages. Vous pouvez lui demander de l'aide, un éclairage ou une protection. Que choisissez-vous ? Détaillez ici…

……………………………………………………………

……………………………………………………………

ELSA

LE MESSAGER DANS LA BRUME

Je marchais à pied dans les Pyrénées, et la nature était plongée dans un épais brouillard. Mes pensées m'ont ramenée à un événement qui s'était déroulé deux ans plus tôt. Ce jour-là, un cheval était sorti de la brume, sur ce même chemin. J'avais eu peur de l'approcher et j'avais toujours beaucoup regretté de m'être privée d'un moment qui aurait pu être magique. Je m'étais alors promis que si un jour, de nouveau, un cheval sortait de la brume, cette fois j'irais le caresser pour défier ma peur et me connecter à la magie de la Vie.
Ce jour-là, un cheval à la crinière blonde est sorti de la brume. Émerveillée, je me suis approchée de l'animal, je lui ai parlé et je l'ai caressé un moment, avec le sentiment d'être dans un rêve. Puis je l'ai remercié et je me suis décidée à poursuivre mon chemin, le cœur plein de gratitude.

→

> Après quelques pas, la brume s'est dissipée, et c'est alors une centaine de chevaux qui me sont apparus ! À cet instant, j'ai compris que je venais de me connecter à ma dimension de grandeur et à ma dimension « sauvage » : intuition, force, confiance...

LA FONCTION DU FARCEUR

Le farceur n'est ni bon ni mauvais, il incarne l'inattendu et le changement. Il est le mystérieux empêcheur de tourner en rond. Il apparaît dans nos vies ou nos rêves sous la forme du joker, du clown ou du fou du roi. Anciennement génie ou magicien moqueur, le farceur est une figure archétypale. Il peut prendre la forme de personnes, mais aussi d'actes manqués, de lapsus, et bien sûr de synchronicités. Il empêche de tourner en rond et nous fait entrer dans la danse du chaos. Il est l'initiateur de nos contes, il brouille les pistes et empêche le héros de trouver son chemin.

Le farceur aime se présenter dans les moments de transition, de grand changement dans nos vies. Lorsque nous arrivons à un point de bascule, il nous donne un coup de pouce inattendu et toujours surprenant. Sa particularité est de déclencher un certain inconfort, sans lequel nous n'aurions jamais décidé de changer. Il bouscule l'ordre établi et chamboule tout sur son passage, nous obligeant à accepter le chaos du moment et à emprunter d'autres chemins. Il nous bouscule, il nous secoue afin de nous réveiller et de nous éveiller. Bref, il est le poil à gratter de notre existence. Merlin, dans la légende du roi Arthur, en est l'illustration parfaite. Il est celui qui dérange et initie. Il est détenteur de la connaissance et possède un certain pouvoir. Il prend un malin plaisir à ne jamais être là où on l'attend. Capable de métamorphoses, Merlin est tantôt lumineux, tantôt sombre.

JOKER !

OBJECTIF

Je vous propose d'apprendre à aimer le farceur quand il se présente, car il est une invitation au changement.

PRATIQUE

Faites le point sur les farceurs qui sont entrés dans votre vie pour y semer le chaos, vous menant ainsi à une forme de renaissance. Trouvez le farceur ! Il est le porteur de messages, mais aussi celui qui bouscule tout. Trouble-fête, il ne passe pas inaperçu.

❯ Il peut apparaître dans vos rêves sous la forme d'un animal…

- Renard
- Faucon
- Écureuil
- Coyote
- Corbeau

→

L'avez-vous repéré ? Notez de qui il s'agit.

....

› Ou bien sous la forme d'un archétype...

- Le clown
- Le joker
- Le pitre
- Le fou
- Le fripon
- Le bouffon
- Hermès

L'avez-vous repéré ? Notez de qui il s'agit.

....

› Ou bien dans votre vie quotidienne...

- Il est celui qui vous contrarie.
- Il est celui qui vous taquine.
- Il est celui qui ne répond pas à vos questions.
- Il est celui qui est absent alors que vous l'attendez.
- Il est celui qui s'invite à l'improviste.
- Il est celui qui vous irrite.
- Il est celui qui vous dérange.

L'avez-vous repéré ? Notez de qui il s'agit.

....

› Racontez en détail votre rencontre avec le farceur, quelle que soit sa forme. Mentionnez son apparence, comment il est entré dans votre vie et le message qu'il a laissé pour vous.

....

....

....

....

....

Chapitre 4

Sachez faire le point

Vous avez approfondi la notion de synchronicités et réalisé leur importance dans votre développement personnel et spirituel. Vous avez développé votre écoute corporelle et compris à quel point votre corps participe à vos expériences. Vous avez élargi votre perception pour y inclure la notion de matrice et d'autres temporalités.

Puis est arrivé le moment de trouver votre mission de vie et de donner du sens à votre existence.

Vous avez élargi votre vision et transformé votre relation au monde afin de devenir acteur et créateur du changement. Vos interactions avec les autres sont devenues une source précieuse d'informations. Peu à peu, vous avez fait entrer la magie dans votre vie et vous êtes devenu un magicien tout en sagesse et en conscience.

Il est temps de faire le point et d'intégrer tout ce parcours afin que votre accueil des synchronicités devienne une seconde nature.

La notion de synchronicité est vaste, car ses manifestations se présentent sous diverses formes.

Vous avez avancé dans votre quête intérieure, mais avez-vous déterminé comment les synchronicités se matérialisent la plupart du temps pour vous ? Je vous propose de faire le point sur leurs voies d'expression dans votre quotidien.

FAITES LE POINT

OBJECTIF

À présent, vous êtes passé maître en perceptions subtiles. Vous savez reconnaître une coïncidence, un signe et des synchronicités. Voyons ensemble les formes que peuvent prendre ces dernières.

PRATIQUE

› Cochez toutes les formes que prennent actuellement vos synchronicités.

- ❒ Coïncidence
- ❒ Ressemblance
- ❒ Événements liés
- ❒ Rencontres du passé
- ❒ Inattendu
- ❒ Inhabituel

- ❒ Événement contraire à vos souhaits
- ❒ Événement totalement hors de votre contrôle
- ❒ Coup de chance
- ❒ Autre : ....

› Concrètement, sous quelle forme se manifestent ces événements ?

- ❒ Affiches publicitaires sur les bus, dans le métro
- ❒ Sur le fil d'actualité de vos réseaux sociaux
- ❒ Dans la nature
- ❒ Dans la foule
- ❒ Au cours d'une conversation que vous avez entendue près de vous
- ❒ Dans un lieu public, en observant la décoration autour de vous
- ❒ Autre : ....

› Ces événements ont-ils modifié quelque chose en vous ?

- ❒ Ils créent un changement de perspective.
- ❒ Ils créent un changement d'orientation.
- ❒ Ils révèlent le meilleur de moi-même.
- ❒ Ce sont des messages personnels qui me semblent destinés.

→

- ❒ Ce sont des coïncidences qui participent au changement.
- ❒ Ils m'informent des choses à laisser partir.

› Essayez maintenant de répondre aux questions suivantes…

- Quelles images ou quels symboles se manifestent régulièrement dans votre quotidien ? ....
....
- Vous informent-ils de ce que vous devez laisser partir ? ....
....
- Vous donnent-ils des informations sur le chemin à prendre ? ....
....
- Vous donnent-ils des informations sur un désir non assumé ? ....
....

SUIVEZ LE FIL

OBJECTIF

Maintenant que vous avez avancé dans la découverte des synchronicités, il s'agit d'observer les thèmes des coïncidences vécues ces derniers temps. Et de découvrir le fil conducteur qui les relie. Il se peut qu'il y ait un sujet commun à toutes vos expériences.

PRATIQUE

Notez spontanément les mots et symboles qui résument vos synchronicités et les coïncidences des derniers jours.

Par exemple :

Lion **Rouge** Soleil **Rassembler**

› Une fois tous les mots jetés sur le papier, reliez-les par thématique avec un crayon de couleur. Vous pouvez utiliser jusqu'à trois couleurs. Au-delà de trois, le travail risquerait d'être confus.

› Notez la thématique qui se dégage : ....
....

LE SAGE INTÉRIEUR

OBJECTIF

Je vous invite à entrer en contact avec la dimension de sagesse qui est en vous et à lui donner vie.

PRATIQUE

Faites la liste des qualités qui sont pour vous celles d'un sage (par exemple : la patience ou la conscience). ....
....
....

Dans quels domaines de votre vie aimeriez-vous développer ces qualités ?

→

- ❐ Professionnel
- ❐ Amical
- ❐ Familial
- ❐ Associatif
- ❐ Amoureux

VOUS ÊTES ARRIVÉ À DESTINATION

OBJECTIF

Voici venue la fin de votre cycle d'exploration et d'expérimentation… C'est le moment de faire le point : où en êtes-vous concernant vos différentes découvertes à propos de vous-même et de votre dialogue avec la vie ?

PRATIQUE

Répondez aux questions suivantes :

› Savez-vous distinguer une synchronicité d'une coïncidence ?

❐ oui ❐ non

› Êtes-vous plus fréquemment dans l'instant présent ?

❐ oui ❐ non

› Avez-vous remarqué que vous êtes plus réceptif aux informations qui vous entourent ?

❐ oui ❐ non

› Avez-vous développé votre créativité, votre capacité à la rêverie et à la lecture des rêves ?

❐ oui ❐ non

› Votre mission de vie est-elle plus précise ?

❒ oui ❒ non

› Vous sentez-vous davantage libéré du passé ?

❒ oui ❒ non

› Votre vision de l'avenir est-elle plus large (plusieurs options envisagées) ?

❒ oui ❒ non

› Constatez-vous que votre quotidien est plus simple depuis que vous avez transformé vos croyances ?

❒ oui ❒ non

› Laissez-vous plus de place aux émotions positives ?

❒ oui ❒ non

› Votre relation à la vie a-t-elle changé ?

❒ oui ❒ non

› Accueillez-vous le changement avec confiance ?

❒ oui ❒ non

› Remerciez-vous plus fréquemment ?

❒ oui ❒ non

› Écoutez-vous davantage votre intuition et avez-vous le sentiment qu'elle s'est développée ?

❒ oui ❒ non

› Avez-vous plus de relations ?

❒ oui ❒ non

› Vous aimez-vous davantage ?

❒ oui ❒ non

CONCLUSION

Bravo ! Vous avez su mettre en pratique des éléments essentiels pour une bonne communication avec les mystères de la vie. Si vous constatez que vous ne maîtrisez pas encore tout à fait certains points, n'hésitez pas à revenir aux chapitres qui les concernent. Prenez votre temps pour les mettre en application et pour intégrer vos nouvelles connaissances. Et n'oubliez pas : c'est le chemin qui compte, plus que le but.